김은복 목사의 간증 이야기

미국이민 40 Years

김은복 목사의 간증 이야기
미국 이민 40년

초판 1쇄 2025년 7월 1일

지은이 · 김은복
펴낸곳 · 도서출판 **통독원**
디자인 · 전민영

주소 · 서울시 강남구 선릉로 806
전화 · 02)525-7794   팩 스 · 02)587-7794
홈페이지 · www.tongbooks.com
등록 · 제21-503호(1993.10.28)

ISBN 979-11-90540-73-5

ⓒ 김은복, 2025

＊책값은 뒤표지에 있습니다.　＊파본은 바꾸어 드립니다.

＊본 책의 내용을 출처를 밝히지 않고 인용하거나 저작권자의 허락없이 복사 · 전재하는 행위 및 본 책의 내용을 이용 · 개작하여 어문, 음악, 영상 기타 여하한 형태의 저작물을 만드는 행위는 저작권법 등에 의해 금지되어 있습니다.

김은복 목사의 간증 이야기

미국 이민 40 Years

김은복 지음

통독원

미국이민
40
Years

추천사

찬하사

오승일 목사 (탬파 새빛교회 원로목사)

김은복 목사님께서 2025년 5월, 목회학 박사 학위를 수료하신 것을 진심으로 축하드리며, 이를 기념할 수 있어 매우 기쁘게 생각합니다.

김 목사님은 우리가 알게 된 지난 20년 동안, 그리스도의 모범적인 종으로서의 자질을 꾸준히 보여주셨습니다. 변함없는 충실함이 돋보이는 그분의 성품은 우리 주님의 본질을 반영하며, 그의 리더십은 항상 신뢰할 수 있는 기반이 되었습니다.

김 목사님의 학문적 여정은, 이번 목회학 박사 수료로 그 헌신의 정점을 찍었습니다. 플로리다 키스톤 지역에서 여러 레스토랑을 운영하는 바쁜 일정 중에도 그의 지식에 대한 갈망은 결코 식지 않았습니다. 1996년부터 2015년까지 워싱턴 침례대학교(WUV)와 워싱턴 침례신학교(NTJS)에서 공부한 그의 꾸준한 노력은 우리 모두에게 깊은 감동을 주며, 높은 기준을 제시해주었습니다.

저는 WUV와 NTJS에서 학생이자 교직원이었던 시절, 김 목사님을 학업 여정 중에 만나게 되었습니다. 그의 열정과 근면함, 인내심과 겸손함은 모든

이들에게 사랑받는 이유였습니다. 무려 9년 동안 매 학기 비행기를 타며, 여름과 겨울 집중 수업에 빠짐없이 참석한 그는, 정말 주님을 진실하게 섬기고자 하는 헌신적인 학생이었습니다.

강사와 동료들에 대한 그의 존경심은 깊은 인격의 반영이었습니다. 그는 항상 조용하고 평온한 분위기를 조성하며, 겸손한 태도와 따뜻한 성품으로 공동체 안에 우호적인 분위기를 만들었습니다. 그로 인해 반 친구들은 더욱 편안한 학습 환경 속에서 서로를 존중하고 성장할 수 있었습니다.

김 목사님의 사역은 2001년 플로리다 키스톤 침례교회에서 전도사로 시작되었습니다. 그의 탁월한 헌신은 빠르게 인정받아 2006년 목사 안수로 이어졌고, 이후 2007년부터 2008년까지 교육목사로, 2009년에는 공동목사로, 2010년부터는 담임목사로 섬기게 되었습니다.

그는 교단 내에서도 활발히 활동하며, 교파 간 교회협회 회장, 플로리다 침례회 회장 등을 역임하였습니다. 현재는 키스톤 지역 한인 커뮤니티의 '탐라' 대표로 활동하며, 대학 장학금, 노인 복지 등 다양한 사회적 도움을 제공하고 있습니다.

저는 신앙 여정 가운데 김 목사님과 함께 길을 걸을 수 있었던 것을 큰 영광으로 여깁니다. 그는 제게 소중한 친구이자 동역자입니다. 그의 설교에는 하나님의 말씀에 대한 갈망, 실천적 지혜, 깊은 사랑이 진정성 있게 담겨 있습니다. 그의 복음에 대한 열정은 지금도 제게 지속적인 영감을 줍니다. 특히 그는 한 신도와 함께 오랜 시간 봉사하며, 주님의 도우심 안에서 모든 상황을 잘 이끌어 왔습니다. 언제나 차분하고 꾸준한 성품은 공동체의 화합에도 크게 기여하였습니다.

김 목사님의 글로벌 선교 비전 또한 매우 인상적입니다.

저는 이 탬파 지역에서 새빛교회를 개척하고 30년간 목회한 후, 은퇴하여 현재는 원로목사로 섬기고 있습니다. 김은복 목사님을 이민 초기부터 지금까지 가까이서 지켜본 사람으로서, 그의 삶과 신앙을 누구보다도 잘 알고 있다고 자부합니다.

김 목사님은 같은 침례교단 소속으로, 미주 한인 침례교 총회에서 실행위원으로 수고하셨고, 플로리다 침례교 협의회에서도 회장으로 섬기며 흩어진 교회들을 헌신적으로 돌보아온 귀한 주의 종입니다. 그는 선후배 목회자들로부터 존경받는 참으로 신실하고 선한 목사입니다.

1984년 미국으로 이민 온 그는, 성실히 개인 사업에 임하던 중 예수 그리스도를 인격적으로 만나 회심하였고, 구원의 은혜를 체험한 후 하나님의 강한 부르심에 순종하여 모든 사업을 정리하고 목회의 길을 걷게 되었습니다.

고(故) 김세복 목사님이 키스톤 침례교회를 섬기던 당시 전도사로 시무했으며, 김세복 목사님의 소천 이후에는 전 교인의 지지로 담임목사로 임명되어 지금까지 충성스럽게 교회를 섬기고 있습니다.

김 목사님은 언제나 교회에 머무르며 기도하고, 교인들과 함께 고민하고 상담하며 신실하게 주님의 일을 감당하고 있습니다. 인격적으로도 교인들과 지역사회에서 존경받는 목사로, 복음을 삶으로 살아내는 좋은 본이 되고 있습니다. 또한 그는 선교에 열정을 가지고 여러 나라를 섬기며, 우물 파기 사역을 통해 현지인들의 식수 문제를 해결하며 예수님의 사랑을 전하고 있습니다. 아프리카 지역에는 교회 건축을 지원하며 복음을 전하고 있습니다.

탬파 지역 한인 봉사 센터를 설립하여, 언어 장벽, 의료, 복지 등 다양한 문제로 어려움을 겪는 교민들을 섬기고 있으며, 매년 우수한 한인 학생들에게 장학금을 지원하는 등 귀한 사역을 계속해오고 있습니다. 또한 그는 힘들고 어려운 목회자들을 돌아볼 줄 아는 열린 마음을 가진 주의 종입니다. 다양한 사역을 통해 교민들의 마음을 시원하게 하고, 하나님의 기쁨이 되는 착하고 충성된 종으로서 맡은 바 사명을 다하고 있습니다.

저는 1984년 이후, 40년 가까이 같은 지역에서 함께 사역해 온 김은복 목사님의 귀한 책을 자신 있게 추천하면서 진심으로 존경과 찬사를 보냅니다.

추천사

🌿 방은미 선교사 (탬파 새빛교회) 🌿

김은복 목사 간증집 출간을 축하하며…
저는 7080년대에 활동했던 가수, 방은미 선교사입니다.
현재 플로리다 탬파에서 새빛교회를 설립한 오승일 목사의 사모로서 함께 30년 목회를 하고 은퇴 후, 본 교회의 원로 목사 사모로 새빛교회를 섬기고 있습니다.

탬파에서 오랜 시간 친구처럼, 교제하며, 사랑을 나누었던 김은복 목사님께서 그동안 하나님의 인도하신 삶의 여정과, 부르시고 맡겨주신 사역에 대해서 간증문을 출간하심에 먼저 축하를 드립니다.

김은복 목사님은 침례교회 목사로서, 뭇 영혼들을 구원하기 위해서 교회 사역에 충성을 다하고 교단 사역에도 열심을 다하는 종으로, 선·후배 목사들로부터 사랑과 존경을 받는 착하고 선한 주의 종입니다.

뿐만 아니라, 이 탬파 지역에서 봉사 센터를 설립하여, 도움이 필요한 1세대 교민들을 정성껏 도와주면서, 사랑과 복음을 성실하게 전하며, 교민들의 자녀들에게 장학금을 지불하여, 미국 땅에서 한민족의 우수함을 전 세계에 알리는 훌륭한 일꾼들이 배출되기를 적극 후원하고 있습니다.

김은복 목사님은 선교적인 축면에서, 남미에 우물 선교를 하고 있으며, 아프리카에서 교회 건축을 지원하며, 한국의 미자립 교회를 적극적으로 지원하며 선교를 진행하고 있으며, 아울러, 전 교인들이 선교에 동참하여, 하나님의 뜻을 이루어드리는 귀한 사역을 하고 있습니다.

목회적으로 볼 때, 그는 참으로 진실하며, 부지런하며, 성실한 종입니다. 뭇 영혼들의 구원을 위해서, 새벽 기도와 성경공부로 교회 사역에 충성을 다하며, 교인들의 영적인 성장과 어려운 상황을 상담과 기도로 정성을 다하여 살피며 영혼을 가꾸는 종입니다.

그는 평일에도 항상 교회에서 말씀 연구와 기도로, 주님의 교회를 위해서 준비된 주의 종입니다. 가까이에서 볼 때, 이 시대에 보기 드문 선한 종, 성실한 종이라 믿어지고 그의 삶을 통해서, 하나님께서 영광을 받으시는 참 종이라 믿습니다. 할렐루야!

장만석 총장 (워싱턴 침례대학교)

Pastor Kim's life is well chronicled in "Testimony of Pastor Kim Eun-bok: 40 Years of Immigration in America." This book recounts the journey of Eun-bok Kim, an immigrant who arrived in the United States in 1984 in search of a better life. However, his story encompasses much more than the title implies. It narrates his profound encounter with God. What story could be more significant than a person meeting their Creator and Savior?

Pastor Kim's testimony serves as a reminder that the God who summoned Moses at Sinai continues to call His people to serve Him in the present day. He turned Midian, the land where Moses settled, into a sacred space. Eun-bok Kim, a businessman, was called to serve the same God as the illustrious Moses. His new home became his holy ground! Thus, his narrative is an ongoing story of the living God depicted in the Bible. What a privilege!

Pastor Kim emigrated to the U.S. in 1984 seeking a better life for

his family. He launched a business and, thanks to his hard work and dedication, achieved quick success. However, God did not bring him to this new land merely to make him a prosperous businessman; there was a deeper purpose. God sought to connect with him. This connection was revealed through numerous trials, as detailed in his testimony in this book. Through these experiences, the land where he immigrated has transformed into his sacred ground, where he had the extraordinary honor of encountering his Creator and serving Him.

His story should resonate with all immigrants in this country. It should inspire them to fervently seek God, the same God who worked through His many servants in the Bible, and see how He transforms an unfamiliar, often strange environment into their sacred ground, allowing them to experience His greatness, respond to His call, and worship Him.

조병호 박사 (성경통독원 원장, 미국 드루대학교 객원교수)

김은복 목사님의 《미국 이민 40년》 출간을 진심으로 축하드립니다.

김은복 목사님은 이 시대에 참으로 신실한 그리스도인의 모범을 보여주신 분입니다. 그의 삶은 예수님께서 가르치신 하나님 사랑과 이웃 사랑, 그리고 제자도의 정신을 온전히 실천한 삶이었습니다. 주님께서 말씀하신 "자기 십자가를 지고 나를 따르라"는 부르심 앞에, 김 목사님은 삶을 흔드는 어떠한 역경과 시련에도 흔들리지 않고 그 길을 묵묵히 걸어가신 참된 제자의 모습을 보여주셨습니다.

김은복 목사님은 누구보다 하나님 나라, 새 하늘과 새 땅에 대한 소망과 믿음이 분명하신 분입니다. 그래서 복음을 위하여 교회를 섬기고, 지상명령의 수행을 위해 선교지에도 헌신을 아끼지 않으셨습니다. 김 목사님의 사역은 교회와 선교지 간의 균형 잡힌 헌신의 본이 되었으며, 이 시대의 탁월한 복음 전도자로서의 사명을 성실하게 감당하였습니다.

뿐만 아니라, 김 목사님은 교단과 한인 기독교 사회 안에서 섬김의 리더십을 발휘하셨습니다. 그리스도인으로서 사회에 어떻게 영향력을 끼칠 수 있

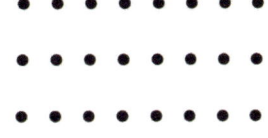

는지를 몸소 실천하며, 많은 이들에게 귀감이 되셨습니다. 복음 진리에 대한 열정을 바탕으로 끊임없는 학문적 연구에도 매진하셨으며, 드루대학교 목회학 박사 학위를 통해 정돈된 신학적 사상과 사역의 중요성을 강조하셨습니다.

김은복 목사님의 삶은 단지 말로만이 아니라 실제 삶 속에서 수많은 신앙적 체험을 통해 증명되었습니다. 생사의 위기 여러 속에서도 하나님의 기적을 체험하셨고, 이를 통해 살아계신 하나님을 드러내는 증거의 삶을 살아오셨습니다. 책을 통해 김은복 목사님의 삶과 사역의 이야기를 함께 나눌 수 있게 되어 참 감사합니다. 이 책을 읽는 모든 이들이 큰 감동과 도전을 받게 될 것입니다. 김 목사님의 헌신과 리더십, 신앙적 체험은 우리 모두에게 다시금 하나님께서 각자에게 주신 사명을 돌아보게 하는 귀한 계기가 될 것입니다.

김은복 목사님의 삶과 사역이 앞으로도 계속해서 하나님의 나라를 확장하는 데 귀하게 쓰임받을 것을 확신합니다.

김영래 박사 (드루대학교 목회학박사과정 지도교수)

김은복 목사님의 이야기는 곧 하나님의 이야기입니다. 이민이라는 낯설고 험한 길 위에서, 목회라는 치열한 사명의 자리에서, 그리고 암이라는 절망의 터널 속에서도, 하나님은 그분의 종을 붙드시고 이끄셨습니다. 그 모든 여정이 이 책 속에 담겨 있습니다.

《미국 이민 40년 : 김은복 목사의 간증 이야기》는 단순한 자서전이나 회고록이 아닙니다. 이는 한 영혼이 하나님의 부르심 앞에 응답하고, 그 응답 속에서 고난과 눈물, 회복과 기쁨을 겪으며 살아낸 살아 있는 간증입니다. 성경의 말씀, 특히 〈창세기〉의 이야기와 자신의 삶을 겹쳐 읽고 해석한 이 책은 말씀과 체험, 신학과 삶이 하나로 어우러진 깊은 고백입니다.

1984년 미국으로 이민한 김 목사님은 성실한 사업가로서 시작했지만, 예수 그리스도를 인격적으로 만난 후 하나님의 강한 부르심에 응답하여 모든 것을 내려놓고 주의 종으로 헌신하였습니다. 그는 고 김세복 목사님의 사역을 이어받아 키스톤 침례교회 담임목사로 섬기며, 지난 수십 년간 변함없이 지역 교회와 교민 공동체, 선교지와 후배 목회자들을 위한 사역에 헌신해 왔습니다.

특히 그는 성도들의 삶에 깊이 동행하며, 늘 교회에 머물며 기도와 상담으로 양 떼를 돌보는 참된 목자의 길을 걸어왔습니다. 우물 파기, 교회 건축 등 국제 선교 사역과, 한인 봉사 센터를 통한 지역 사회 돌봄과 장학 사업까지—그의 사역은 복음의 지경을 넓히는 데 크게 기여해 왔습니다.

저는 그의 박사 논문이 간증 중심의 단행본으로 출간된다는 소식을 기쁜 마음으로 들었고, 이 책이 광야를 걷는 수많은 이에게 '그 길에도 하나님이 함께하신다'는 위로의 증거가 될 것이라 확신합니다. 또한 이민 사회와 목회 현장, 선교지와 병상에서 고군분투하는 이들에게 신앙의 동반자가 되어 줄 것이라 믿습니다.

김은복 목사님의 삶 자체가 한 편의 설교이며, 그의 간증은 독자의 마음에 기도의 무릎을 꿇게 하는 능력 있는 증언입니다. 감히 말씀드립니다. 이 책을 펴는 순간, 여러분의 마음속에도 하나님의 이야기가 새롭게 시작될 것입니다.

프롤로그
새 하늘과 새 땅에 대한 소망

필자가 미국 이민 40년의 간증 이야기를 독자들에게 들려줄 무렵이면, 아마 필자의 나이는 65세 즈음일 것이다. 사실 필자는 2024년 5월 중순, 전립선암 판정을 받았고, 암은 양쪽 폐까지 전이되었다는 진단을 받았다. 마음이 무거웠지만 이 사실을 받아들일 수밖에 없었다. 건강이 좋지 않은 상태에서 목회와 선교활동도 많은데 이민 40년의 이야기를 글로 남기는 일은 더더욱 쉬운 작업이 아니었다. 그럼에도 필자는 미국에서 보낸 지난 시간을 되돌아보며 미국 이미 40년 이야기를 기록으로 남기기로 결심했다.

이 글을 쓰는 이유는 오직 예수 그리스도를 알리고자 함에 있고, 필자의 인생에서 꿈과 비전은 언제나 하나님의 손에 달려 있었다는 고백을 전하고자 함이다. 솔직히 말하자면, 필자가 조국을 떠나 미국으로 향한 이유는 돈을 벌기 위함이었다. 하지만 이민 생활은 처음부터 결코 녹록지 않았다.

40년을 되돌아보며 필자는 인생이 태어나는 순간부터 죽음을 향해 한 걸음씩 나아가고 있다는 사실을 절감했다. 많은 이들이 더 나은 삶을 위해 열심히 배우고 치열하게 경쟁하며 살아가지만, 솔로몬 왕이 전도서 1장에서 고백했듯 하나님 없는 인생은 결국 헛될 뿐이다.

"다윗의 아들 예루살렘 왕 전도자의 말씀이라
전도자가 이르되 헛되고 헛되며 헛되고 헛되니 모든 것이 헛되도다
해 아래에서 수고하는 모든 수고가 사람에게 무엇이 유익한가
한 세대는 가고 한 세대는 오되 땅은 영원히 있도다
해는 뜨고 해는 지되 그 떴던 곳으로 빨리 돌아가고
바람은 남으로 불다가 북으로 돌아가며
이리 돌며 저리 돌아 바람은 그 불던 곳으로 돌아가고
모든 강물은 다 바다로 흐르되 바다를 채우지 못하며
강물은 어느 곳으로 흐르든지 그리로 연하여 흐르느니라
모든 만물이 피곤하다는 것을 사람이 말로 다 말할 수는 없나니
눈은 보아도 족함이 없고 귀는 들어도 가득 차지 아니하도다
이미 있던 것이 후에 다시 있겠고 이미 한 일을 후에 다시 할지라
해 아래에는 새 것이 없나니
무엇을 가리켜 이르기를 보라 이것이 새 것이라 할 것이 있으랴
우리가 있기 오래 전 세대들에도 이미 있었느니라
이전 세대들이 기억됨이 없으니
장래 세대도 그 후 세대들과 함께 기억됨이 없으리라
나 전도자는 예루살렘에서 이스라엘 왕이 되어

마음을 다하며 지혜를 써서
하늘 아래에서 행하는 모든 일을 연구하며 살핀즉 이는 괴로운 것이니
하나님이 인생들에게 주사 수고하게 하신 것이라
내가 해 아래에서 행하는 모든 일을 보았노라
보라 모두 다 헛되어 바람을 잡으려는 것이로다
구부러진 것도 곧게 할 수 없고 모자란 것도 셀 수 없도다
내가 내 마음 속으로 말하여 이르기를 보라
내가 크게 되고 지혜를 더 많이 얻었으므로
나보다 먼저 예루살렘에 있던 모든 사람들보다 낫다 하였나니
내 마음이 지혜와 지식을 많이 만나 보았음이로다
내가 다시 지혜를 알고자 하며
미친 것들과 미련한 것들을 알고자 하여 마음을 썼으나
이것도 바람을 잡으려는 것인 줄을 깨달았도다
지혜가 많으면 번뇌도 많으니
지식을 더하는 자는 근심을 더하느니라"(전 1:1-18)

이 말씀을 요약하자면, 솔로몬이 자신의 마음과 지혜가 하나님으로부터 멀리 떠나 있었음을 늦게 깨닫고 결국 하나님 앞에 두 손을 들 수밖에 없었다는 것이다.

필자도 미국에 와서 안 해본 일이 없을 정도로 여러 직업을 경험했다. 모두 다 기록할 수는 없지만, 결국 모든 것을 내려놓고 주님을 선택했다는 사실이 이 글의 마지막 부분에 가서 드러난다.

이민 생활 중 필자는 세 차례나 권총 강도를 당했고, 교통사고로 생명을 잃을 뻔한 적도 여러 번 있었다. 허리디스크로 인해 한동안 바닥에 누워 지내기도 했고, 어느 날은 성령님의 음성을 듣고 일어났다가 필자가 누워 있던 방의 천장이 무너진 일도 있었다. 이처럼 필자의 이민 생활은 사건 사고의 연속이었고, 마치 TV 드라마 같은 삶이었다. 하지만 결국 그 끝은 해피엔딩이었다.

필자가 미국에 발을 디딘 것은 스물세 살 때였다. 당시 필자를 포함해 일곱 명이 함께 미국 플로리다주 탬파로 이민을 왔고, 첫 주소지는 4519 Paxton Ave, Tampa, FL이었다. 누님의 집에서 이민 생활이 시작되었고, 그곳에서 약 2년을 함께 살았다.

1987년 봄, 어머니의 소개로 아내를 만나게 되었고, 그해 겨울 11월 28일 한국에서 결혼했다. 이후 37년간 한결같이 가정을 지켜왔다. 필자는 플로리다에서만 무려 11차례나 이사를 하며 살았다. 2023년 가을, 누님 댁이 있던 그곳을 다시 찾았을 때도 풍경은 1984년 당시와 크게 다르지 않았다. 그 집은 방 2개, 화장실 1개짜리로, 그 공간에 11명이 함께 살았던 시간이 벌써 40년 전의 일이 되었다.

골프장 중앙 작은 호숫가에 서 있는 상수리나무 한 그루는 필자에게 깊은 인상을 남겼다. 정확한 나이는 알 수 없지만, 그 나무의 크기를 보았을 때 아마도 200년은 족히 넘었을 것이다. 그 나무는 수많은 골퍼들에게 그늘과 안식을 제공했을 것이며, 새들에겐 잠시 쉬어가는 정거장이 되었을 것이

상수리(옥추리)나무

다. 강한 비바람과 벼락, 장마철을 거치며 나무는 부러지고 찢어졌지만 여전히 그 자리를 지키고 있었다.

상처 입은 나무의 모습은 필자에게 깊은 교훈을 주었다. 상처투성이인 그 나무가 맡은 임무를 끝까지 감당하고 있었기 때문이다. 필자 역시 수많은 역경과 시련을 겪어왔고, 뼈가 부서지고 살이 찢기는 고통도 수차례 겪었다. 그럼에도 불구하고, 하나님의 도우심과 필자의 불굴의 의지가 있었기에 지금까지 살아남을 수 있었다.

호숫가 상수리나무처럼, 필자의 몸도 40년 세월 동안 여기저기 망가져 있었다. 호숫가에 방문할 때마다 나무의 모습도 조금씩 변해 있었다. 필자가 찍은 사진 속 상수리나무의 모습은 이제 수명이 얼마 남지 않았음을 보여주고 있고, 나무는 결국 어느 날 사라질 것이다. 그러나 인간은 나무와 다르다. 하나님을 믿는 사람은 새 하늘과 새 땅에서 영원히 살게 될 것이다.

"또 내가 새 하늘과 새 땅을 보니
처음 하늘과 처음 땅이 없어졌고 바다도 다시 있지 않더라"(계 21:1)

필자가 이민 생활 중 경험한 상처들은 자연의 섭리가 아니라 필자 자신의 미숙함과 시행착오에서 비롯된 것이 많았다. 그러나 모든 과정은 하나님께서 필자를 다듬으시고 쓰시기 위한 훈련의 시간이었다는 사실을 인정하지 않을 수 없다.

FDA에 특허받은 '쟈니 핫소스'

"네가 흙으로 돌아갈 때까지 얼굴에 땀을 흘려야 먹을 것을 먹으리니… 너는 흙이니 흙으로 돌아갈 것이니라"(창 3:19)

필자 역시 흙으로 돌아갈 날을 준비하고 있다. 하지만 주 안에서 살아온 인생은 헛되지 않았고, 주의 은혜로 지금까지 존재하고 있음을 고백한다.

1984년 7월 27일은 필자가 미국에 들어온 날이었다. 당시 나이는 23세. 미국에서의 첫 직업은 탬파베이에 위치한 중국 식당에서 접시를 닦는 일이었다. 필자는 원래 요리를 좋아했기에 자연스럽게 요식업에 관심을 갖게 되었고, 목회자가 되기 전까지 약 25년간 요식업에 종사했다.

'뉴서울 하우스', '킴스 레스토랑', '리 다이너스티', 'To Mo Sushi', 'Johnny's Sushi', '쟈니 핫소스' 등 여러 식당을 창업했고, 미국 정부 FDA에 '쟈니 핫소스'의 특허도 등록해 직접 운영했다.

김은복 목사의 간증 이야기

미국이민 40 Years

목차

추천사

프롤로그_ 새 하늘과 새 땅에 대한 소망_18

1. 첫 이민 생활 이야기_28

2. 통갈비 구이와 필자의 꿈 이야기_35

3. 김세복 목사님과 만난 기쁨_40

4. 지난 시간을 뒤돌아 보며_44

5. 김세복 목사님의 뒤를 이어_48

6. 키스톤 한인침례교회 담임을 맡은 이야기_55

7. 목회의 어려움 속에서도_59

8. 담임 목회 10년쯤 되었을 때 이야기_63

9. 나의 어머니 이야기_67

10. 하나님께서 주신 복_70

11. 사랑하는 가족 이야기_73

12. 때를 얻든지 못 얻든지 복음_77

13. 하나님께서 아브라함의 이름을 부르심 같이 나의 이름도 불러주신 이야기_83

14. 김밥 반 줄의 기억_91

15. 한국에서 있었던 이야기_96

16. 화살같이 빠른 시간_101

17. 설교문_112

에필로그_146

1
첫
이민 생활
이야기

1984년 7월 27일 밤, 플로리다 탬파에 도착한 필자는 누님이 사는 작은 집 한 채에서 무려 11명의 가족과 함께 살게 되었다. 그리고 교회는 누님이 다니시는 한인 교회에 필자도 출석하게 되면서 자연스럽게 정해졌다.

누님과 아버지께서 거주하시던 집은 방 두 칸, 화장실 하나, 작은 거실과 식탁 공간이 있는 약 1,300스퀘어피트 정도의 규모였다. 부모님께서 방 하나를 사용하시고, 누님 가족은 두 딸과 함께 나머지 방 하나를 사용했다. 필자와 형님, 남동생 한 명, 여동생 둘은 모두 리빙룸에서 잠을 자고 생활해야 했다. 어찌 보면 6.25 전쟁 당시 피난민들의 생활과도 크게 다르지 않았다.

하지만 지금 돌이켜보면, 함께 모여 지냈던 그때가 오히려 정겹고 그리운 순간이기도 했다. 필자의 가족은 이민 40년 만인 2023년 8월 초, 미국 조지아 헬렌 폭포에서 처음으로 가족여행을 다녀왔다. 그 자리에서 함께 찍은 사진은 그동안 우리 가족의 삶이 얼마나 치열했는지를 보여주는 증거였다.

2023년 당시, 어머니는 97세이셨고, 여섯 남매와 함께 손자 손녀 19명, 증손자와 증손녀 10명을 두신 분이셨다. 그래서 지금도 필자는 종종 당시 함께 살던 집을 차로 지나치며 회상에 잠기곤 한다.

처음 이민을 왔던 그 동네는 미 공군 맥딜 기지가 있는 '펙스톤'이라는 지역으로, 40년이 지난 지금도 크게 변하지 않은 모습을 보여준다.

필자의 가족여행

당시 우리 여섯 형제 중 누님은 결혼했고, 형님은 25세, 필자는 23세, 여동생들은 각각 21세와 19세, 막내 남동생은 16세였다. 막내는 고등학교에 다녔고, 나머지 형제들은 모두 직장을 다녔다. 현재 필자는 요식업을 접고 단독 목회에 전념한 지 27년째다.

그 시절은 아침마다 화장실 전쟁이 다반사였다. 11명이 하나뿐인 화장실을 사용해야 했기 때문에 줄을 서야 했고, 특히 어린 조카들이 화장실에 들어가면 어른들은 속수무책으로 기다려야 했다. 급한 경우엔 집 밖에서 급히 해결할 때도 있었다.

지금은 모두 제법 넉넉하게 살고 있으며, 집도 한두 채씩은 갖고 있을 만큼 자리 잡았다. 그 작은 집에서 가장 많은 수고를 하신 분은 단연 누님이셨다. 필자는 지금도 그 누님께 사랑의 빚을 진 마음으로 살아가고 있다.

이 자리를 빌려 누님께 감사의 마음을 전하고 싶다.

"사랑하는 누님, 그때 정말 수고 많으셨습니다. 아무리 힘들고 불편한 일이 있어도 단 한 번도 언성을 높이지 않으시고, 얼굴을 붉히지도 않으신 누님께 진심으로 감사드립니다. 수년 동안 동생들을 돌보아 주신 누님의 그 사랑이 있었기에 지금 우리 형제들이 행복한 가정을 이루며 미국 땅에서 살아가고 있습니다. 하나님의 복이 누님 가정 위에 자녀들, 손자 손녀들에게까지 임하시기를 간절히 기도드립니다."

미국에 이민 온 지 겨우 6개월도 되지 않았던 1985년 1월 1일, 예기치 않은 대형 교통사고가 일어났다.

그날 밤엔 부슬부슬 비가 내리고 있었다. 전날인 12월 31일, 필자는 지인의 집에서 열린 송년회에 참석해 밤을 새웠고, 다음날 형님이 일하던 곳으로 차를 몰고 형님을 데리러 갔다. 형님이 일을 마치고 나와 함께 귀가하던 중, 비 오는 밤길에서 갑작스럽게 브레이크를 밟게 되었고, 차는 균형을 잃고 미끄러지다 반대편에서 오던 차량과 정면으로 충돌했다. 그날 사고로 형님의 대장이 파열되었고, 누군가의 신고로 형님은 곧바로 헬기를 통해 인근 대형 병원으로 이송되어 긴급 수술을 받게 되었다.

이 장면은 마치 2023년 9월 11일, 필자가 직접 목격했던 대형 교통사고 현장과도 흡사했다. 그날 필자는 사고 현장에서 사진을 찍으며 과거의 기억이 떠올랐다. 교통사고로 긴급 후송되는 환자들과 그를 돕는 911 구조대원들의 모습은 마치 과거 필자와 형님이 겪었던 상황과 같았다.

필자와 형님 모두 응급 구조대의 도움을 받지 못했다면 지금 이 세상에 존재하지 못했을 것이다. 미국은 응급환자 이송에 있어서 세계에서 가장 빠른 대응력을 갖춘 나라임에 틀림없다. 사고가 발생하면 모든 차량을 통제하고 헬기를 이용해 신속히 환자를 이송한다.

2023년 9월 11일에 목격한 사고는 퇴근길에 오토바이 두 대와 자동차 두 대가 동시에 충돌한 대형 사고였다. 사고 당시에도 두 명이 헬기로 이송되

2023년 9월 11일 대형 교통사고 현장

었고, 필자는 그들이 무사하기를 간절히 기도했다.

이제 다시 필자의 이야기로 돌아가자. 필자 역시 구급차로 병원에 이송되어 왼쪽 다리 수술을 받아야 했다. 다리뼈의 손상이 심해 수술도 어려웠고 긴 회복 기간도 필요했다. 그러나 형님의 상황은 더 심각했다. 대장 이식 수술이 한 차례 실패했고, 재수술까지는 오랜 시간 회복을 기다려야 했다. 결국 형님은 복부에 구멍을 내고 대변 주머니를 착용해야 했다.

형님의 담당 의사는 재수술을 포기했고, 형님은 평생 그 상태로 살아야 할지도 모르는 상황이었다. 하지만 하나님의 은혜로 약 20년이 지난 후, 형님은 다시 대장 이식 수술을 받았고 지금은 정상적인 배변이 가능해졌다.

20년 동안 매일 직접 대변을 비우고 씻으며 살아온 형님, 그 인내와 끈기를 생각할 때마다 감사가 절로 나온다. 사람은 먹고 비워야 사는 존재인데 평범한 배변조차 할 수 없는 상황은 상상할 수 없는 고통이었다.

지금은 회복된 형님을 보며 하나님께 깊이 감사드리고 있다. 형님의 오랜 고통과 인내 끝에 찾아온 회복은 우리 가족에게 크나큰 복이었다.

2
통갈비 구이와
필자의
꿈 이야기

1984년 7월 27일, 탬파 공항에 도착했을 때 누님과 아버님, 그리고 누님의 지인들이 공항으로 나와 우리 가족을 환영해 주셨다. 그날 우리가 들고 온 이민 가방은 상상을 초월할 정도로 많았다. 돈을 많이 가져온 것이 아니라, 무게만 해도 50kg 가까이 나가는 가방을 열 개 넘게 가져왔다. 비행기값도 할부로 겨우 맞추어 여섯 명이 함께 입국했다.

공항에서 집까지 가는 길은 그리 멀지 않았고, 밤 도로는 조용했다. 우리는 밤 9시쯤 집에 도착했는데 모두 피곤했지만 무엇보다 배가 고팠다. 누님은 우리 가족을 맞이하기 위해 푸짐한 통 BBQ 갈비를 준비해 두셨다. 얼마나 많은 양이었는지 필자가 평생 처음으로 통갈비를 실컷 먹어본 날이었다. 요즘 흔한 LA 갈비가 아니라, 고기가 큼직하게 붙어 있는 통갈비였다. 지금 글을 쓰는 이 순간에도 그날 먹었던 갈비 생각만 하면 입에 침이 고인다.

하지만 그날 밤 필자가 먹은 것은 갈비만이 아니었다. 필자는 '꿈'을 먹었다. 미국에 도착해보니 동네가 온통 상수리나무(옥추리)로 덮여 있었고, 정글 숲과 같은 느낌의 풍경 속에서 평온함을 느꼈다. 밤길을 지나며 필자는 혼잣말로 다짐했다.

'그래, 이곳에서 나의 꿈을 펼쳐보자. 김은복, 너는 할 수 있어!
이 미국 땅에서 꿈을 반드시 이루어 보자.'

시편 81편 10절 말씀처럼 "네 입을 넓게 열라 내가 채우리라"라고 하신 하나님의 말씀을 마음에 품으며 필자는 크게 꿈꾸기로 했다. 지금도 여전히 필자에겐 또 다른 꿈이 있다. 아직 말로 다 전할 수는 없지만…. 과거 이스라엘 민족이 애굽에서 430년간 종으로 살다가 하나님의 손에 의해 해방되고 큰 민족이 되었던 것처럼, 꿈을 이루시는 분은 결국 하나님이시라는 사실을 믿는다.

예수님을 믿기 전까지는 그 사실을 알지 못했다. 그러나 이 땅의 모든 사람은 꿈을 꿀 자격이 있다. 어떤 종류의 꿈이든지 상관없다. 필자 역시 그날 밤 꿈을 꿨고, 지금도 여전히 미래를 향한 꿈을 꾸며 달려가고 있다.

신약성경 속 사도 바울도 위대한 꿈을 꾼 인물이었다. 그의 꿈은 예수님이 바라시는 꿈이었고, 그는 그 꿈을 위해 인생을 헌신했다. 바울은 이렇게 고백했다.

"형제들아 나는 아직 내가 잡은 줄로 여기지 아니하고 오직 한 일 즉 뒤에 있는 것은 잊어버리고 앞에 있는 것을 잡으려고 푯대를 향하여 그리스도 예수 안에서 하나님이 위에서 부르신 부름의 상을 위하여 달려가노라"(빌 3:13~14)

바울이 꾼 꿈은 영원한 천국을 바라보는 꿈이었고, 그는 수많은 사람들에게 그 꿈을 심어 주었다.

인간은 과거가 아닌 미래를 향해 달리는 존재가 되어야 한다. 그리고 미국이라는 나라는 필자에게 그런 꿈을 꿀 수 있는 땅이었다. 누구에게나 기회가 주어지고 그 꿈이 실현 가능한 곳이 바로 미국이었다.

얼마 전, 필자는 한국의 작가 정영욱 씨가 쓴 책《잘했고, 잘하고 있고, 잘될 것이다》라는 제목에 이끌렸다. 책의 7페이지에는 이런 문장이 있었다.

"그러니 나는 말할 수 있다. 잘 안 되고 있더라도, 잘 될 것이라고 해도 된다. 아무 일이 없어도 무너지기 일쑤인 우리의 삶이 있다면, 무너지고 있어도 아무 일 없는 듯 '잘 되고 있다' 말해 줄 수 있는 삶도 분명히 있다."

사람은 말하는 대로 이루어진다. 이와 같은 믿음의 원칙을 실천한 대표적인 인물이 바로 마틴 루터 킹 목사다. 그는 미국 흑인들의 아버지라 불릴 만큼 위대한 사람이었다. 그는 꿈을 말했고, 그 꿈은 흑인 대통령의 탄생으로 현실이 되었다.

마틴 루터 킹(Martin Luther King Jr., 1929-1968)은 미국 조지아주 애틀랜타 출신의 침례교 목사이자 인권운동가로, 비폭력적인 방식으로 인권 개선을 주장했으며 1964년에는 노벨 평화상을 수상했다. 그의 외침 "I Have a Dream"은 오늘날까지도 전 세계 사람들의 가슴 속에 살아 있다.

그는 침례교 목사의 가정에서 태어났고, 할아버지와 아버지 모두가 목사였다. 그가 태어날 당시 이름은 마이클 루터 킹이었으나, 아버지가 후에 '마틴 루터 킹'으로 개명했다. 1968년, 그는 단지 39세의 나이로 암살당했지만, 그가 남긴 말과 책은 지금까지도 변화를 꿈꾸는 이들에게 영향을 주고 있다.

그의 영향 아래 2008년 미국 역사상 최초의 흑인 대통령이 탄생했다. 그의 이름은 버락 오바마다. 오바마는 "Yes, We Can!", "Yes, We Did!"라는 구호로 미국 사회에 희망을 심었고, 그 말은 그의 대통령 임기의 시작이자 끝을 장식했다.

이렇듯 미국은 꿈꾸는 자에게 상을 주는 나라다. 필자는 그날 밤, 동네를 한 바퀴 달리며 마음속 깊은 곳에서 꿈을 그리고 포부를 새기며 다시 집으로 돌아왔다. 그리고 누님이 정성껏 구워 놓은 통갈비를 맛있게 먹으며 꿈도 함께 씹어 삼켰다.

그날 밤의 기억은 40년이 지난 지금도 필자의 마음속에 생생히 살아 있다.

3
김세복 목사님과 만난 기쁨

고(故) 김세복 목사님과의 인연은 우연이 아니었다. 그것은 하나님께서 예비하신 필연이었다. 1984년 7월 27일 밤, 탬파 공항에 도착했을 때 누님이 일하시던 직장의 지인들과 교회 가족들, 그리고 김세복 목사님이 우리 가족을 환영하기 위해 공항에 나와 주셨다.

그날 우리 가족을 맞이해 주신 고 김세복 목사님은 훗날 필자가 목회하게 되는 키스톤 한인침례교회의 제1대 담임목사님이셨다. 김 목사님은 탬파에 두 개의 교회를 세우셨다. 처음에는 1985년에 필자가 누님과 함께 다니던 교회를 개척하셨고, 이후 그곳을 사임하시고 1989년에는 다락방교회를 세우셨다. 2004년에는 키스톤 한인침례교회 새 성전 건축을 시작하셔서 2006년에 완공했다.

그분과의 인연은 하나님의 섭리였고 필자에게는 목회자로서의 길을 열어주는 중요한 출발점이었다. 공항에서 우리 가족을 환영해 주셨던 그분들 중 현재 살아계신 분은 이제 많지 않다. 필자는 매년 서너 차례 고 김세복 목사님의 묘소를 찾아간다. 그 묘소에는 김 목사님과 그의 아내 고 김동희 사모님, 그리고 김 목사님의 부모님이 함께 안장되어 있다. 김 목사님은 필자 인생에 있어서 정말로 귀한 은인이셨다.

공항에서 처음 만난 그날 밤, 그분들은 이렇게 조언해 주셨다. "미국에 왔으니 어떤 일이든 해야 합니다. 남자들은 식당 일이나 보트 수리하는 곳에서, 여자들은 봉제공장에서 일할 수 있을 겁니다." 그리고 가장 먼저 해야 할 일로는 운전면허 취득을 권유하셨다. 필자는 한국에서 이미 운전 경력

봉제공장 방문

이 있었기에 며칠 준비한 끝에 미국 면허를 취득했고, 누님이 차를 한 대 구입해 주셔서 어머니와 동생들을 직장에 데려다주는 역할을 맡았던 기억이 지금도 생생하다.

필자의 미국 첫 직업은 접시를 닦는 일이었다. 그 일이 평생의 업이 될 줄 그때는 몰랐다. 물론 정확히는 25년간 요식업에 종사했으니 평생이라 하긴 어렵지만, 그 시작이 식당일이었다는 점은 부정할 수 없다. 그 식당의 주인도 한국에서 이민 오신 분으로 본래 한국에서 광산 사업을 하시다 실패하고 도미하신 분이었다. 그의 중국 식당에서 일을 배웠던 것이 훗날 필자가 직접 식당을 운영하게 된 계기가 되었다.

앞서도 언급했듯이, 필자는 25년간 요식업에 종사했다. '뉴서울 하우스', '킴스 레스토랑', 그리고 타인이 운영하던 '형제식당'을 인수해 운영했고, 이전에 미국 클럽하우스가 도산한 곳을 임대하여 일본 식당으로 꾸며 운영한 'Tomo Sushi', 마지막으로 뉴욕 핏자집이 도산한 건물을 구입하여 'Johny Sushi'을 운영하고 사업을 마무리했다. 1984년 이민 후 처음 시작한 업종을 계속해서 25년간 이어간 셈이다. 시작은 결코 화려하지 않았지만 그 여정은 필자에게 값진 경험과 교훈을 남겨주었다.

4
지난
시간을 뒤돌아
보며

이제는 예수님을 믿고 살아가지만, 이전의 삶을 고백하지 않을 수 없다. 부끄러운 과거지만 그 이야기를 나눔으로써 누군가가 같은 길을 걷지 않기를 바라는 마음에서 솔직히 털어놓는다.

필자는 미국에서 꿈을 이루기 위해 이민을 결심했다. 그때의 꿈은 온통 세상적인 것이었다. 돈을 벌고, 성공하고, 잘사는 삶을 목표로 삼았다. 그러나 세상은 필자의 뜻대로 흘러가지 않았다.

"사람이 마음으로 자기의 길을 계획할지라도 그의 걸음을 인도하시는 이는 여호와시니라"(잠 16:9)

나름 열심히 살고자 발버둥치던 필자에게 또다시 큰 사고가 찾아왔다. 분명한 사실은 그 사고를 통해 하나님을 만나게 되었다는 것이다. 그것은 인생의 전환점이었고 진정한 복이었다. 세상이 주는 헛된 꿈이 아니라 하나님께서 예비하신 거룩한 꿈이 필자를 기다리고 있었던 것이다. 주님의 은혜가, 바로 그 교통사고를 통해 필자에게 임했다.

사고가 나던 날, 필자는 친구들과 밤새도록 술을 마셨다. 그들을 모두 집에 바래다주고 혼자 집으로 돌아오는 길이었다. 그런데 한순간, 가로등을 정면으로 들이받는 사고가 발생했다. 자동차는 형체를 알아볼 수 없을 만큼 찌그러졌지만, 필자의 몸은 기적적으로 타박상 하나 없이 멀쩡했다. 그러나 갑자기 호흡에 이상이 생기면서 병원 헬기에 실려 응급수술을 받게 되었다. 수술 후 2~3일 만에 퇴원했지만 몸 상태는 심각했다.

집에 돌아왔지만 온몸이 불덩이처럼 뜨거웠고 아무것도 먹을 수 없었으며, 배는 임신 10개월 된 산모처럼 부풀어 있었다. 필자는 다시 911에 전화를 걸었고 병원으로 긴급 이송되어 수술을 받았다. 그러나 수술 후 마취에서 깨어나지 못했고 하루가 지나자 병원 측은 사망 가능성을 고려해 가족에게 '준비하라'는 말을 전했다. 그것은 곧 장례를 준비하라는 의미였다.

당시 필자의 몸은 병원 지하실의 빈 침대들 사이에 놓여 있었다. 눈을 떴을 때 주변엔 병상과 콘크리트 벽, 기둥밖에 보이지 않았다. 손과 발, 몸통까지 묶여 있었고 말도 나오지 않았다. 멀리서 간호사가 지나가는 것이 보였지만, 필자는 목소리를 낼 수 없었다. 간신히 쇠로 된 침대를 흔들어 소리를 냈고, 그 소리에 간호사는 놀라며 도망치듯 사라졌다.

잠시 후, 의사와 간호사들이 허둥지둥 필자에게 달려왔고, "Are you okay now?"라는 질문과 함께 필자의 눈을 라이트로 비추며 의식 여부를 확인했다. 이후 필자는 응급실로 옮겨져 다시 검사를 받았고 가족들도 병원으로 다시 달려왔다.

그 일 이후, 필자는 하나님 앞에 철저히 회개했다. 스스로 새로운 인생을 살아야겠다고 다짐했다. 그 새로운 길은, 하나님께서 세상을 이처럼 사랑하사 독생자를 주셨다는 복음의 진리를 다시 발견하는 여정이었다.

"For God so loved the world that he gave his one and only Son, that whoever believes in him shall not perish but have eternal life. For

God did not send his Son into the world to condemn the world, but to save the world through him."(NIV, John 3:16-17)

"하나님이 세상을 이처럼 사랑하사 독생자를 주셨으니 이는 그를 믿는 자마다 멸망하지 않고 영생을 얻게 하려 하심이라 하나님이 그 아들을 세상에 보내신 것은 세상을 심판하려 하심이 아니요 그로 말미암아 세상이 구원을 받게 하려 하심이라"(요 3:16-17)

이 말씀은 필자 인생의 좌표가 되었고, 이후 하나님께서 주신 사명을 향해 한 걸음씩 걸어가기 시작했다.

5
김세복 목사님의 뒤를 이어

필자는 건강을 회복한 이후, 1996년 워싱턴 침례신학대학원에 입학하여 목회학을 공부했다. 현장 수업과 온라인 수업을 병행하며 목회학 석사 과정을 마쳤고, 이후 2022년 뉴저지에 위치한 드루대학교(Drew University)에서 목회학 박사 과정을 시작해 2025년에 박사학위를 받았다. 현재는 키스톤 한인침례교회에서 27년째 사역하고 있다.

필자는 2001년에 키스톤 한인침례교회에서 전도사로 사역을 시작했고, 2006년에는 목사 안수를 받은 뒤 교육 목사로 2008년과 2009년까지 공동 담임의 직분을 맡았다. 그리고 2010년 1월 10일, 담임목사로 정식 취임한 이후 지금까지 한 교회에서 성도들을 섬기고 있다.

돌이켜보면 하나님께서는 당신의 꿈을 이루기 위해 필자를 훈련시키셨고, 때로는 징계를 통해 새로운 길로 인도하셨다. 고난의 시간은 결코 헛되지 않았으며 오히려 복이었다. 성경에 등장하는 이스라엘 백성들도 하나님의 은혜를 입은 사람들이었지만 불순종으로 인해 바벨론에 70년 동안 포로로 잡혀가야 했다. 그러나 하나님께서는 그들의 회개를 받으시고 결국 회복시키셨다.

"선지자 예레미야가 예루살렘에서 이같은 편지를 느부갓네살이 예루살렘에서 바벨론으로 끌고 간 포로 중 남아 있는 장로들과 제사장들과 선지자들과 모든 백성에게 보냈는데"(렘 29:1)

"여호와께서 이와 같이 말씀하시니라 바벨론에서 칠십 년이 차면 내가 너

희를 돌보고 나의 선한 말을 너희에게 성취하여 너희를 이 곳으로 돌아오게 하리라"(렘 29:10)

"너희가 내게 부르짖으며 내게 와서 기도하면 내가 너희들의 기도를 들을 것이요 너희가 온 마음으로 나를 구하면 나를 찾을 것이요 나를 만나리라 이것은 여호와의 말씀이니라 나는 너희들을 만날 것이며 너희를 포로된 중에서 다시 돌아오게 하되 내가 쫓아 보내었던 나라들과 모든 곳에서 모아 사로잡혀 떠났던 그 곳으로 돌아오게 하리라 이것은 여호와의 말씀이니라"(렘 29:12-14)

하나님은 필자에게도 교통사고라는 고난의 시간을 통해 하나님을 깊이 만나게 하셨고, 그 회개의 경험은 필자의 삶을 송두리째 바꾸어 놓았다.

고 김세복 목사님과 필자 사이에는 선교에 대한 같은 꿈이 있었다. 그러나 목사님은 2009년 5월 19일, 위암으로 하나님의 부르심을 받으셨다. 이후 필자는 담임목사로서 세계 선교를 향한 목사님의 뜻을 이어가고자 애써왔다. 우물 선교, 성경 번역 지원, 멕시코 선교, 교육 지원, 한국 농촌 교회 후원, 미국 내외 선교 활동 등 다양한 선교사역을 지속하고 있다.

김세복 목사님과 필자의 이름이 비슷해 종종 "형제지간이신가요?"라는 질문을 받곤 했다. 혈연은 아니지만 믿음 안에서 형제였음은 틀림없는 사실이다.

필자의 목회 철학은 '한 우물을 깊게 파자'는 것이다. 무엇이든 시작한 일은 끝까지 인내하며 완수해야 한다. 2010년 1월 10일, 담임목사로 정식 취임하던 날, 크리스천 조지아 신문 기자와의 인터뷰에서 필자는 이렇게 말했다.

"사람이 무슨 일을 하든지 인내하지 못하면 결과가 좋지 못합니다."

그 생각은 지금도 변함없다. 사업이든, 학업이든, 목회든, 어떤 일이든 인내 없이 좋은 결과를 기대하긴 어렵다. 물론 '실패는 성공의 어머니'라는 말도 있지만, 도중에 포기하는 것은 실패와는 다르다. 필자는 실패보다 더 안타까운 것이 포기라고 생각한다.

미국에 전해지는 이야기 중에, 기름 황제 록펠러가 있다. 록펠러는 친구와 함께 광산업을 시작했지만, 친구는 중도에 포기하고 떠났다. 혼자 남은 록펠러는 일꾼들에게 월급을 줄 수 없어 절망했고 자살을 시도하려던 그 순간 하나님께서 "한 삽만 더 파보아라."라는 음성을 들려주셨다. 록펠러는 돌아가서 다시 삽을 들었고, 결국 기름이 솟아올랐다. 그는 거부가 되었고 학교와 고아원을 세우며 90세가 넘도록 자선 사업에 헌신했다.

성경 속 인물 요셉도 포기의 순간마다 인내를 선택했다. 형제들에게 팔려 애굽에서 종으로 살았지만 원망하지 않고 주어진 삶에 충실했다. 결국 그는 애굽의 국무총리가 되어 수많은 생명을 살린 인물이 되었다.

"요셉이 그들에게 이르되 두려워하지 마소서 내가 하나님을 대신하리이까 당신들은 나를 해하려 하였으나 하나님은 그것을 선으로 바꾸사 오늘과 같이 많은 백성의 생명을 구원하게 하시려 하셨나니 당신들은 두려워하지 마소서 내가 당신들과 당신들의 자녀를 기르리이다 하고 그들을 간곡한 말로 위로하였더라"(창 50:19-21)

필자 역시 목회를 하며 오직 하나님의 말씀에 충실했고, 김세복 목사님의 뜻을 거스른 적이 단 한 번도 없었다. 아마도 그것이 김세복 목사님이 필자에게 담임 목회지를 맡기신 이유였을 것이다.

한 주인을 끝까지 섬기면 하나님께서 복주신다. 하나님께서도 말씀하셨다.

"나 네 하나님 여호와는 질투하는 하나님인즉 나를 미워하는 자의 죄를 갚되 아버지로부터 아들에게로 삼사 대까지 이르게 하거니와 나를 사랑하고 내 계명을 지키는 자에게는 천 대까지 은혜를 베푸느니라"(출 20:5하-6)

김세복 목사님은 필자를 친아우처럼 사랑해주셨다. 사도 바울이 디모데를 아들처럼 여겼듯이, 필자도 목사님의 깊은 사랑을 느낄 수 있었다.

"내 아들아 그러므로 너는 그리스도 예수 안에 있는 은혜 가운데서 강하고 또 네가 많은 증인 앞에서 내게 들은 바를 충성된 사람들에게 부탁하라 그들이 또 다른 사람들을 가르칠 수 있으리라 너는 그리스도 예수의 좋은 병사로 나와 함께 고난을 받으라 병사로 복무하는 자는 자기 생활에 얽매이는 자가 하나도 없나니 이는 병사로 모집한 자를 기쁘게 하려 함이라 경기하는 자가 법대로 경기하지 아니하면 승리자의 관을 얻지 못할 것이며 수고하는 농부가 곡식을 먼저 받는 것이 마땅하니라 내가 말하는 것을 생각해 보라 주께서 범사에 네게 총명을 주시리라 내가 전한 복음대로 다윗의 씨로 죽은 자 가운데서 다시 살아나신 예수 그리스도를 기억하라"(딤후 2:1-8)

김 목사님이 위암 투병 중에도 교회 건축을 결심하셨을 때, 대부분의 성도들은 강하게 반대했다. 교인 수도 많지 않고 기존 건물도 충분히 사용 가능하다는 이유였다. 그러나 필자는 전도사로서 담임목사님의 뜻에 동의했고, 결국 전 교인이 건축을 위한 작정 헌금에 참여하게 되었다.

2004년 봄, 교회 건축을 시작했지만 2005년 미국 부동산 붕괴 사태로 인해 공사가 지연되었다. 완공은 2006년 여름이 되어서야 이루어졌다. 필자도 부동산 피해를 입었다. 새 집을 지어놓고도 보증금을 포기하며 남에게 넘겨야 했다. 그 당시 손해는 컸지만 감사한 것은 2006년 여름, 목사 안수식과 입당예배를 무사히 드릴 수 있었다는 점이다.

2006년 6월 31일 주일 오후 4시, 교회 건물이 완공되기 전이었기 때문에 교회 잔디밭에 큰 텐트를 설치하고 성대한 안수식과 입당예배를 함께 드렸다. 그 모든 것은 김세복 목사님의 계획이었다. 당신의 병세가 악화되고 있음에도 불구하고 진행하신 김은복 전도사를 다음 세대로 세우기 위한 깊은 배려였다.

그날의 기억은 지금도 필자의 가슴을 뜨겁게 만든다.

"김세복 목사님, 사랑합니다. 저도 언젠가 하나님께서 부르시는 날, 천국에서 목사님을 다시 뵙겠습니다."

2007년 1월, 담임목사님의 병세가 알려졌고 필자는 공식적으로 공동 담임목사로 임명되었다. 2009년 5월 19일, 김세복 목사님은 하나님의 부르심을 받으셨고 5월 22일에 장례식이 거행되었다. 필자가 장례 예배를 인도하며 목사님을 천국으로 배웅했다.

김세복 목사님은 인정 많고 사랑이 깊은 분이셨기에 그의 부고를 들은 많은 동역자들이 먼 곳에서도 찾아와 함께 천국 환송예배를 드렸다. 그 예배를 통해 김세복 목사님은 하나님과 사람 앞에 진정한 평가를 받으셨고 존경받는 하나님의 종으로 기억되었다. 목사님의 장례를 집례한 필자는 그저 감사할 뿐이었다.

6
키스톤 한인침례교회
담임을 맡은
이야기

2009년 5월 22일, 김세복 목사님의 장례 예배를 마친 후, 다음 주에 전 교인 총회가 열렸다. 그 자리에서 필자를 키스톤 한인침례교회 제2대 담임목사로 추대할 것인지에 대한 안건이 상정되었다. 김세복 목사님께서는 생전에 전 교인 앞에서 김은복 목사를 담임으로 추천하셨는데 이것은 유언과도 같은 말씀이었다. 덕분에 만장일치로 결정되었고 필자는 자연스럽게 담임목사로 취임하게 되었다.

그러나 그때부터 예상치 못했던 핍박이 시작되었다. 전도사, 교육 목사, 공동 담임목사로 사역할 때까지만 해도 모든 성도들과의 관계가 원만했지만, 정식으로 담임이 되자 일부 교인들의 시선과 태도가 달라지기 시작했다. 특히 과거 식당업에 종사했던 경력을 문제 삼았고, '언제 공부를 했느냐', '어떻게 목사가 되었느냐'는 등 부정적인 말들이 돌았다. 필자와 오랜 시간 함께 해왔던 성도들조차 등을 돌리는 일이 생겨났다.

게다가 목회 초기 2년 동안 유난히 많은 성도의 장례식을 치러야 했다. 무려 열두 번이나 장례 예배를 인도하면서, 필자는 스스로 이런 생각까지 하게 되었다. "혹시 담임목사님께서 나를 힘들게 했던 교인들을 먼저 데려가시는 건 아닐까?" 물론 그런 생각은 하나님 앞에 결코 옳지 않은 것이었고, 그분들 각자의 시간이 다 되었기 때문이다.

김세복 목사님의 모친인 성정례 권사님도 목사님보다 두 달 앞서 소천하셨다. 필자는 그 장례식 역시 집례하였다. 감사한 것은 어머님께서 아들을 먼저 떠나보내지 않으셨다는 점이다.

2009년 5월부터 시작된 장례 사역과 교회 내 분열, 재정 악화 등으로 인해 많은 성도들이 교회를 떠났고, 필자는 처음으로 담임목회의 외로움과 고통을 체감하게 되었다. 그때 비로소 김세복 목사님이 얼마나 많은 아픔을 감내하시며 사역하셨는지를 조금이나마 이해할 수 있게 되었다.

예수님께서 시몬 베드로에게 세 번이나 물으셨던 말씀이 필자의 마음을 울렸다.

"요한의 아들 시몬아, 네가 나를 사랑하느냐?"

"그들이 조반 먹은 후에 예수께서 시몬 베드로에게 이르시되 요한의 아들 시몬아 네가 이 사람들보다 나를 더 사랑하느냐 하시니 이르되 주님 그러하나이다 내가 주님을 사랑하는 줄 주님께서 아시나이다 이르시되 내 어린 양을 먹이라 하시고 또 두 번째 이르시되 요한의 아들 시몬아 네가 나를 사랑하느냐 하시니 이르되 주님 그러하나이다 내가 주님을 사랑하는 줄 주님께서 아시나이다 이르시되 내 양을 치라 하시고 세 번째 이르시되 요한의 아들 시몬아 네가 나를 사랑하느냐 하시니 주께서 세 번째 네가 나를 사랑하느냐 하시므로 베드로가 근심하여 이르되 주님 모든 것을 아시오매 내가 주님을 사랑하는 줄을 주님께서 아시나이다 예수께서 이르시되 내 양을 먹이라"(요 21:15-17)

목회는 주님의 양을 맡는 일이다. 양은 앞을 잘 보지 못하고 무리를 따라다니는 습성이 있기에, 목자는 늑대나 이리로부터 양을 보호하고 잘 돌보아야 한다. 필자도 그 사명을 붙들고 힘든 순간마다 주님의 말씀을 붙들며 인내했다.

한 시골 목사님이 오래된 나무를 보며 "너는 목회도 하지 않았는데 왜 속이 이렇게 썩었느냐?"라고 중얼거렸다는 일화처럼, 목회는 속이 상하고 마음이 부서지는 일이 수없이 많다. 그러나 예수님께서는 말씀하셨다.

"수고하고 무거운 짐 진 자들아 다 내게로 오라 내가 너희를 쉬게 하리라"(마 11:28)

7
목회의
어려움
속에서도

담임목사로서의 사역은 곧바로 시험대에 올랐다. 교회 재정은 바닥을 드러냈고, 65만 달러의 교회 건축 융자금이 남아 있는 상황에서 매달 4,000달러가 넘는 이자를 감당해야 했다. 그런데 교회의 잔고는 고작 1,100달러뿐이었다. 필자를 싫어하던 일부 성도들은 헌금을 중단했고 교회 재정이 악화된 것을 두고 "김 목사가 교회 돈을 다 썼다."라는 유언비어까지 만들어 내기 시작했다.

그때 필자에게는 세 가지 선택지가 있었다.
첫째, 포기하고 떠난다.
둘째, 아무것도 모르겠다며 손을 놓는다.
셋째, 끝까지 버틴다.

필자는 세 번째를 택했다. 그리고 마음속 깊이 김세복 목사님의 마지막 당부를 떠올렸다.

"김 목사, 뼈를 키스톤교회에 묻으시오."

이 말은 '무슨 일이 있어도 사명을 포기하지 말라'는 유언이었다. 필자는 그 말씀을 마음에 새기고, 교인들이 미워해도, 교회를 떠나도, 교회 재정이 바닥나도 두려워하지 않기로 결심했다.

2010년 1월 10일 담임목사 취임식에서 필자가 했던 말이 지금도 기억에 생생하다.

"저는 이 교회의 담임목사가 아닙니다. 저는 주님의 일을 맡은 일꾼에 불과합니다. 매일 우편을 전달하는 우편배달부처럼, 복음을 전하는 전달자일 뿐입니다. 이 교회의 진짜 목사님은 예수 그리스도이십니다."

이 고백이 있었기에 필자는 어떤 어려움 앞에서도 흔들리지 않았다.

요식업에서 25년간 일했던 경험도 목회에 큰 도움이 되었다. 다양한 사람들을 상대하며 터득한 지혜는 성도들을 이해하고 섬기는 데 유용하게 쓰였다. 그래서 지금도 목회가 힘들다고 느껴본 적이 없으며 모든 것을 주님께 맡기고 긍정적으로 교우들을 섬기고 있다.

당시 교회가 재정 상황으로 위기에 처했을 때 필자는 하나님께 먼저 감사를 드렸다. 예를 들어, 큰딸 은미가 아이비리그 프로그램을 운영하는 명문 킹 하이스쿨에 입학하게 되었을 때, 필자는 감사의 마음으로 교회에 5천 달러를 헌금했다. 당시 필자도 재정이 어려웠지만 하나님께 감사할 이유를 먼저 찾았고, 감사의 씨앗을 드렸던 것이다.

사람들은 "김 목사, 그런 돈이 어디 있었느냐?"라고 묻기도 했다. 과거 요식업을 하며 대지 1에이커(약 1,224평)의 수영장이 있는 집에 살던 시절이 있었지만 목회를 시작하면서 다 내려놓았다. 교회가 힘들 때마다 필자는 사례비를 받지 않고 감사 헌금으로 하나님께 드렸으며, 교회 재정은 항상 누구에게나 열려 있어야 한다는 신념으로 재정의 투명성을 강조해 왔다.

1998년 4월 부활주일에 창립된 이래로 지금까지 모든 재정 기록과 주보는 재정부에 보관되어 있다. 하나님께 드린 헌금은 교회와 선교를 위해 쓰여야 마땅하다.

지금 이 글을 읽는 현역 목회자 여러분께 드리고 싶은 말이 있다. 교인들의 핍박 때문에 교회를 그만두고 싶을 때가 있더라도, 좌절하거나 포기하지 마시라. 목회는 주님의 부르심이며 우리가 걷는 이 길은 결국 주님의 길이다.

8
담임 목회
10년쯤 되었을 때
이야기

주께서 내게 주신 사명을 감당하고 있었을 때 놀라운 은혜가 임했다. 필자가 담임 목회 10년쯤 되었을 무렵, 성도들도 서서히 필자의 진심을 인정해주기 시작했다. 필자의 진정성을 받아들이고 목회자의 진실함을 인정해주었다. 그 순간은 참으로 감사한 경험이었다.

그리고 2019년 10월 22일, 교회 융자금 전액을 완납하는 기적 같은 일이 일어났다. 원래는 앞으로 10년을 더 갚아야 했던 빚이었지만, 하나님께서 예비하신 한 가정의 헌신을 통해 모든 빚이 탕감되었다. 무명의 성도가 34만 5천 달러(한화 약 4억 5천만 원 상당)의 거액을 헌금한 것이다.

이 일이 일어난 때는 바로 전 세계를 강타한 코로나19 팬데믹이 닥치기 직전이었다. 많은 교회들이 경제적 어려움으로 문을 닫고, 많은 성도들이 직장을 잃었으며, 많은 소상공인들이 사업을 포기하던 시기였다. 그러나 하나님께서는 그 어려운 시기를 앞두고 키스톤교회의 빚을 갚게 하셨다. 필자는 이것이 우연이 아니라 하나님의 세밀한 섭리였음을 확신한다.

그날 이후 필자는 더욱 자주 성도들에게 말했다.

"하나님 앞에 갈 준비는 되셨습니까? 우리가 이 세상에서 어떤 일을 당할지 아무도 모릅니다. 그러나 주님만이 우리의 인생을 아십니다. 그러니 늘 깨어 기도합시다."

성경은 이렇게 말한다.

"무릇 내가 사랑하는 자를 책망하여 징계하노니
그러므로 네가 열심을 내라 회개하라
볼지어다 내가 문 밖에 서서 두드리노니
누구든지 내 음성을 듣고 문을 열면
내가 그에게로 들어가 그와 더불어 먹고 그는 나와 더불어 먹으리라
이기는 그에게는 내가 내 보좌에 함께 앉게 하여 주기를
내가 이기고 아버지 보좌에 함께 앉은 것과 같이 하리라
귀 있는 자는 성령이 교회들에게 하시는 말씀을 들을지어다"(계 3:19-22)

필자는 목회 내내 모든 일을 주님께 맡기고 필요한 것이 있을 때마다 주님께 간구했다. 주께서 함께하시면 반드시 승리할 수 있다는 믿음이 있었다. 빛이 있을 때도 감사했고 핍박이 와도 감사했다. 모든 것이 은혜였기 때문이다.

다윗이 사울과 압살롬을 피해 도망칠 때도, 그는 하나님의 선하심을 고백했다. 시편 23편에서 다윗은 다음과 같이 찬양했다.

"여호와는 나의 목자시니 내게 부족함이 없으리로다
그가 나를 푸른 풀밭에 누이시며 쉴 만한 물 가로 인도하시는도다
내 영혼을 소생시키시고 자기 이름을 위하여 의의 길로 인도하시는도다
내가 사망의 음침한 골짜기로 다닐지라도 해를 두려워하지 않을 것은
주께서 나와 함께 하심이라 주의 지팡이와 막대기가 나를 안위하시나이다
주께서 내 원수의 목전에서 내게 상을 차려 주시고

기름을 내 머리에 부으셨으니 내 잔이 넘치나이다
내 평생에 선하심과 인자하심이 반드시 나를 따르리니
내가 여호와의 집에 영원히 살리로다"(시 23:1-6)

필자 또한 이 고백을 붙잡고 주님께 모든 것을 맡기며 지금까지 행복하게 목회하고 있다.

9
나의 어머니 이야기

"너희 집안은 예수 믿어야 산다."

이 말씀은 필자의 어머니에게 성령님께서 직접 들려주신 음성이었다.

필자의 고향은 전라남도 영광군 백수읍 천마리라는 작은 시골 마을이었다. 그곳에는 20여 가구가 모여 살고 있었고, 아버지는 무신론자, 어머니는 불교 신자셨다. 마을 앞에는 대절산이라는 작은 절이 있었고, 어머니는 거기서 불공을 드리셨다.

아버지가 병상에 누워 계신 것은 할머니 장례식 직후였다. 아버지는 몸이 쇠약해져 거동이 불가능해지셨고, 어머니는 아버지의 병을 고치기 위해 백일 불공기도를 드리러 매일 산을 오르셨다. 그러던 어느 날 밤, 성령님께서 어머니에게 나타나셔서 말씀하셨다.

"너희 집안은 예수 믿어야 산다."

그 말씀이 계기가 되어 어머니는 큰 결단을 내리셨다. 할머니의 영정과 이름을 적은 종이를 불태워버리신 것이다. 그런데 놀라운 일이 벌어졌다. 종이는 하늘로 날아올라 지붕을 휘감은 뒤 증발하듯 사라졌다. 그리고 몇 분 뒤, 병상에 누워 계시던 아버지가 갑자기 방문을 열고 말씀하셨다.

"여보, 뭐 좀 먹을 것 없소?"

믿을 수 없는 기적이 눈앞에서 일어났다. 오랫동안 아무것도 드시지 못하셨던 아버지가 갑자기 기력을 회복하신 것이다. 그날 이후 아버지는 예수님을 믿으셨고 교회 집사로 봉사하시다가 2000년 8월 13일, 80세로 하나님의 부르심을 받으셨다.

어머니는 마을에서 최초로 예수님을 믿은 분이셨고, 지금도 97세로 건강하게 살아 계신다. 필자는 그 어머니의 헌신과 순종이 오늘의 나를 있게 했음을 믿는다.

그리고 필자도 어린 시절 시골 교회 전도사님의 열정에 감동받아 "목사가 되겠다."라고 서원한 적이 있었다. 그 서원은 세월 속에 잊혔지만 하나님의 시간 속에서 다시 불붙게 되었다. 주님 앞에 회개하며 눈물로 기도했던 그 날을 아직도 잊지 못한다.

"주님, 나 같은 죄인 살려주셔서 감사합니다.
이제는 주님만 따라가겠습니다."

하나님께서는 살아 계시다. 예수님을 믿으면 영혼이 살아날 뿐 아니라 육신도 강건해진다. 이 글을 읽는 독자 여러분에게도 예수님을 믿고 구원의 은혜를 누리시기를 진심으로 권면드린다.

10
하나님께서 주신 복

"여러분, 이렇게 좋으신 예수님을 한번 믿어보시지 않으시겠습니까?"

필자는 예수님을 믿고 나서 인생의 대반전을 경험했다. 세상 말로 하자면 '대박'을 맞은 삶이었다. 건강도 대박, 가정도 대박, 자녀들도 대박, 그리고 교회도 대박이었다. 지금 내가 섬기는 교회에는 더 이상 빚이 없고 미국 땅에서 이민 교회가 오히려 미국 교회를 선교하고 있을 정도가 되었다.

키스톤교회에는 건물이 두 채 있었다. 2006년에 새로 지은 성전이 있고, 그 이전에 사용하던 구건물이 있었다. 우리는 구건물을 미국 교회에 선교 차원에서 거의 무상으로 임대해주었다. 미국 리빙교회는 6년 동안 부흥하며 성장했고 마침내 2023년에 성전을 마련해 이사하게 되었다. 그들과 함께한 시간 동안 우리는 예배를 나누었고 하나님께 감사와 찬송을 드렸다.

리빙교회 목사님은 필자를 가리키며 "나도 김은복 목사처럼 목회하고 싶다."라고 말했다. 앞으로 약한 교회를 위해 손을 내미는, 그런 헌신적인 자세로 사역하겠다는 고백이었다. 사실 우리 성도들에게는 그로 인해 불편함도 있었다. 주일학교나 친교 시간을 위한 공간이 구건물에 있었기에 불편함을 감수해야 했고, 각 가정에서 직접 음식을 준비해 와서 함께 나누기도 했다. 하지만 모두가 인내하며 기쁨으로 함께했다.

하나님께서는 필자에게 세 명의 자녀를 선물로 주셨고, 나는 하나님의 말씀으로 그들을 양육했다. 감사하게도 자녀들은 장학금을 받아 학업을 마쳤고 모두 자립하여 살아가고 있다. 자녀 걱정이 없다는 것 역시 큰 복이다.

신명기 28장 1절부터 6절까지의 말씀이 실제가 되는 삶을 지금까지 살고 있다.

"네가 네 하나님 여호와의 말씀을 삼가 듣고
내가 오늘 네게 명령하는 그의 모든 명령을 지켜 행하면
네 하나님 여호와께서 너를 세계 모든 민족 위에 뛰어나게 하실 것이라
네가 네 하나님 여호와의 말씀을 청종하면
이 모든 복이 네게 임하며 네게 이르리니
성읍에서도 복을 받고 들에서도 복을 받을 것이며
네 몸의 자녀와 네 토지의 소산과
네 짐승의 새끼와 소와 양의 새끼가 복을 받을 것이며
네 광주리와 떡 반죽 그릇이 복을 받을 것이며
네가 들어와도 복을 받고 나가도 복을 받을 것이니라"

말씀대로 살았더니 하나님께서 세워주셨고 모든 일에 복을 더해주셨다.

11
사랑하는
가족
이야기

이제 주님 다음으로 사랑하는 아내 이야기를 하려 한다. 흔히 아내 자랑, 자식 자랑은 팔불출이라 하지만 그리 불려도 좋다. 아내는 너무나 순수한 사람이었다. 순수함 그 자체였다. 그런 여인을 인생의 반려자로 허락하신 하나님께 감사드릴 뿐이다.

세상에서 방황할 때도, 목회가 어려웠을 때도, 아내는 단 한 번도 자리를 떠나지 않고 나의 곁을 지켜주었다. 그래서 이 자리를 빌려 말하고 싶다.

"여보, 당신 지금까지 함께 걸어와 줘서 너무 고맙고 감사해요. 그리고 나의 지난 잘못을 용서해준 나의 사랑, 정말 고마워요. 당신이 내 옆에 없었다면 지금의 나는 존재하지 못했을 거예요. 나 혼자 이 자리에 설 수는 없었어요. 정말 진심으로 사랑해요."

사랑하는 아내가 함께 해주었기에 지금의 내가 존재한다. 물론 주님께서도 항상 나와 함께 계셨다. 말씀으로 힘을 주시고 인내하게 하셨고 복을 주셨다.

모세가 죽었을 때 하나님께서는 여호수아에게 말씀하셨다. 그 말씀은 내게도 큰 힘이 되었다.

"여호와의 종 모세가 죽은 후에 여호와께서 모세의 수종자 눈의 아들 여호수아에게 말씀하여 이르시되 내 종 모세가 죽었으니 이제 너는 이 모든 백성과 더불어 일어나 이 요단을 건너 내가 그들 곧 이스라엘 자손에게 주는 그 땅으로 가라 내가 모세에게 말한 바와 같이 너희 발바닥으로 밟는 곳은 모두 내가 너희에게 주었노니 곧 광야와 이 레바논에서부터 큰 강 곧 유브라데 강까지 헷 족속의 온 땅과 또 해 지는 쪽 대해까지 너희의 영토가 되리라 네 평생에 너를 능히 대적할 자가 없으리니 내가 모세와 함께 있었던 것 같이 너와 함께 있을 것임이니라 내가 너를 떠나지 아니하며 버리지 아니하리니 강하고 담대하라 너는 내가 그들의 조상에게 맹세하여 그들에게 주리라 한 땅을 이 백성에게 차지하게 하리라 오직 강하고 극히 담대하여 나의 종 모세가 네게 명령한 그 율법을 다 지켜 행하고 우로나 좌로나 치우치지 말라 그리하면 어디로 가든지 형통하리니 이 율법책을 네 입에서 떠나지 말게 하며 주야로 그것을 묵상하여 그 안에 기록된 대로 다 지켜 행하라 그리하면 네 길이 평탄하게 될 것이며 네가 형통하리라"(수 1:1-8)

이 말씀을 붙들고 자녀를 양육했고 말씀대로 살려고 노력했다. 그 결과 물질이 넘쳐나는 부자는 아니지만 형통한 복을 누리고 있다. 가정에 하나님의 말씀이 함께할 때 그것이 진정한 복이다.

여호수아처럼 나 또한 하나님의 말씀대로 순종하며 지금까지 달려왔다. 여전히 인생의 여정은 끝나지 않았고 앞으로도 여호와 하나님께서 길을 인도하실 것이다.

필자의 인생에서 가장 큰 복은 예수님을 만난 것이다. 회개했을 때 하나님께서는 은혜의 문을 열어주셨고, 가족에게 고통을 안겼던 지난 방황의 시간은 이제 간증의 자료가 되었다.

사도 바울은 디모데후서 4장 1~2절에서 이렇게 권면하였다.

"하나님 앞과 살아 있는 자와 죽은 자를 심판하실 그리스도 예수 앞에서 그가 나타나실 것과 그의 나라를 두고 엄히 명하노니 너는 말씀을 전파하라 때를 얻든지 못 얻든지 항상 힘쓰라 범사에 오래 참음과 가르침으로 경책하며 경계하며 권하라"

이 말씀을 붙잡고 오늘도 복음을 전하고, 하나님의 형통한 길을 따라 걷는다.

12
때를
얻든지
못 얻든지
복음

목회자는 때를 얻든지 못 얻든지 주님의 복음을 전할 의무가 있다. 한때 죽음의 문턱까지 갔던 필자가 다시 살아난 것은 단순한 기적이 아니었다. 그것은 한 영혼이라도 구원의 길로 인도하시려는 하나님의 명확한 계획 아래 주어진 두 번째 인생이었다. 그 사실을 깨달은 순간, 필자는 복음을 전하지 않고는 견딜 수 없는 사람이 되었다.

이 글을 읽는 누군가가 있다면, 필자는 바란다. 지금 이 순간이 인생의 전환점이 되기를, 낙심했더라도 다시 일어나기를, 주님의 은혜는 항상 회복의 기회를 함께 주시기 때문이다. 재도전과 재충전의 시간을 갖고, 새로운 인생을 살아가기를 간절히 기도한다.

이제 필자가 몸담고 있는 선교 이야기를 나누고자 한다.
선교란 곧 사람을 살리는 일이다.

"여기 한 아이가 있어
보리떡 다섯 개와 물고기 두 마리를 가지고 있나이다
그러나 그것이 이 많은 사람에게 얼마나 되겠사옵나이까
예수께서 이르시되 이 사람들로 앉게 하라 하시니
그 곳에 잔디가 많은지라
사람들이 앉으니 수가 오천 명쯤 되더라
예수께서 떡을 가져 축사하신 후에
앉아 있는 자들에게 나눠 주시고
물고기도 그렇게 그들의 원대로 주시니라

그들이 배부른 후에 예수께서 제자들에게 이르시되
남은 조각을 거두고 버리는 것이 없게 하라 하시므로 이에 거두니
보리떡 다섯 개로 먹고 남은 조각이 열두 바구니에 찼더라"(요 6:9-13)

이 사건은 작은 헌신이 얼마나 큰 기적을 낳을 수 있는지를 잘 보여준다. 아이가 자신만을 위해 도시락을 간직했더라면 오병이어의 기적은 결코 일어나지 않았을 것이다. 한 아이의 '드림'은 곧 순종이자 믿음의 행위였다.

필자의 어머니는 가난했지만 언제나 이웃을 위해 가진 것을 내어놓는 분이셨다. 필자도 그런 삶을 자연스럽게 보고 자랐기에 주는 것을 기쁘게 여긴다. 그래서 목회자가 된 이후 가장 먼저 시작한 사역도 바로 '선교'였다.

2010년, 필자가 살고 있는 지역과 가까운 나라인 헤이티(아이티, Haiti)에서 규모 7.5의 대지진이 발생했다. 약 15만 명이 목숨을 잃은 참사였다. 필자는 이듬해인 2011년부터 헤이티를 방문하기 시작했고, 그 후로도 여러 차례 현지를 찾아 사역에 동참했다.

헤이티에서는 브리지선교회를 이끄시는 박동한 선교사님과 함께 협력하며 우물 두 곳을 파주었고, 지붕이 없는 달동네 교회에는 지붕을 설치해 주었다. 뿐만 아니라 베트남, 태국, 한국, 필리핀 등지에서도 선교를 이어갔으며, 코로나19 시기에는 멕시코 티후아나의 빈민촌에 주일학교와 친교실을 세워주는 사역도 감당했다.

그 사역에는 필자의 가족도 함께했다. 당시 학교에 다니던 큰딸 은미와 주일학교 교사였던 아론 형제도 헤이티에 함께 갔다. 그곳에서 은미는 태권도를 활용해 선교 활동에 참여했고, 함께 땀을 흘리며 현지 아이들에게 복음을 전했다.

헤이티 교회에서 설교하는 필자

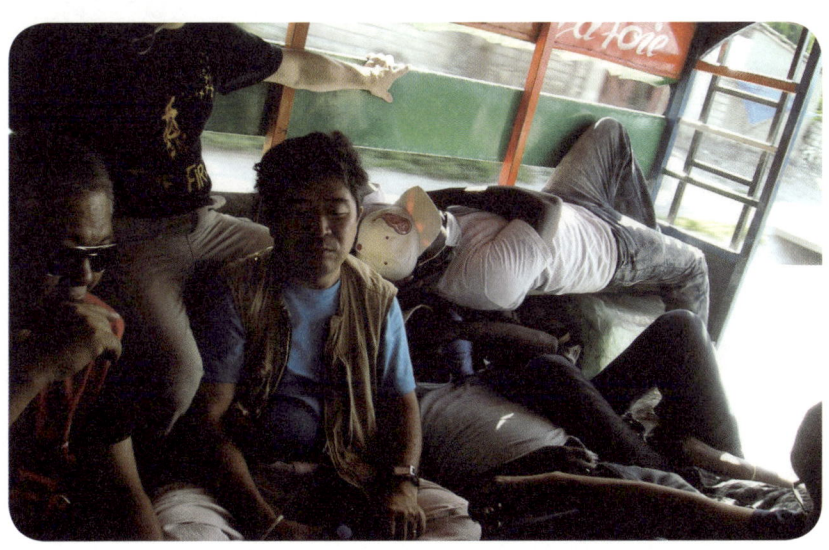
헤이티 선교를 위해 이동 중인 박동한 선교사

멕시코와 미국 국경을 두고 설치된 철장벽

13
하나님께서
아브라함의 이름을
부르심 같이
나의 이름도 불러주신
이야기

어느 한여름, 갑작스럽게 허리디스크가 찾아왔다. 그로 인해 일주일간 타운하우스 2층 방 바닥에 요를 깔고 누워 안정을 취하고 있었다. 그날 집 안에는 나 혼자뿐이었다. 그런데 갑자기 아래층에서 누군가 다급하게 내 이름을 두 번이나 부르는 소리가 들려왔다.

"은복아! 은복아!"

그 순간 놀라 급히 일어나려고 애썼다. 온 힘을 다해 몸을 일으켜 문을 열고 아래층으로 내려가려던 바로 그때, 갑자기 엄청난 벼락 소리 같은 굉음이 들렸다. 놀라 뒤를 돌아본 필자는 아연실색할 수밖에 없었다. 필자가 누워 있었던 자리의 천장이 무너져 내린 것이었다.

타운하우스의 구조는 에어컨 배관이 2층 천장 안쪽에 설치되어 있어 외부에서는 배관을 확인할 수 없다. 그런데 내부 배수 호스가 막히면서 물이 고였고, 오랜 시간 인슐레이션에 물이 스며들어 천장이 그 무게를 견디지 못하고 무너진 것이었다. 만약 하나님의 부르심이 없었다면 필자는 그대로 그 아래에서 천장의 붕괴에 휘말렸을 것이다.

이 사건을 통해 하나님의 생생한 보호하심을 다시금 경험했다. 마치 우리의 몸도 소통이 막히면 생명이 위태롭듯, 우리 삶의 작은 이상 신호들까지도 하나님께서는 먼저 알고 계셨고 나를 보호하시기 위해 내 이름을 불러 주신 것이다.

이 일을 겪으며 시편 121편의 말씀이 떠올랐다.

"내가 산을 향하여 눈을 들리라 나의 도움이 어디서 올까
나의 도움은 천지를 지으신 여호와에게서로다
여호와께서 너를 실족하지 아니하게 하시며
너를 지키시는 이가 졸지 아니하시리로다
이스라엘을 지키시는 이는 졸지도 아니하시고
주무시지도 아니하시리로다
여호와는 너를 지키시는 이시라
여호와께서 네 오른쪽에서 네 그늘이 되시나니
낮의 해가 너를 상하게 하지 아니하며
밤의 달도 너를 해치지 아니하리로다
여호와께서 너를 지켜 모든 환난을 면하게 하시며
또 네 영혼을 지키시리로다
여호와께서 너의 출입을
지금부터 영원까지 지키시리로다"(시 121:1-8)

하나님께서는 우리의 모든 것을 아시는 분이다. 우리의 앉고 일어섬을 살피시고, 우리가 겪을 위기와 고난의 순간까지도 미리 보시며 지켜주신다. 그날 필자를 향해 부르신 "은복아, 은복아."라는 하나님의 음성은 마치 아브라함을 부르신 음성과 같았다.

창세기 22장에는 하나님께서 아브라함에게 이삭을 번제로 바치라는 명령

을 하시고, 그가 칼을 들었을 때 급히 "아브라함아, 아브라함아."라고 부르신 장면이 나온다. 하나님의 부르심은 멈추라는 신호였고 동시에 순종의 끝에서 주시는 구원의 응답이었다.

"아브라함이 이에 번제 나무를 가져다가 그의 아들 이삭에게 지우고 자기는 불과 칼을 손에 들고 두 사람이 동행하더니 이삭이 그 아버지 아브라함에게 말하여 이르되 내 아버지여 하니 그가 이르되 내 아들아 내가 여기 있노라 이삭이 이르되 불과 나무는 있거니와 번제할 어린 양은 어디 있나이까 아브라함이 이르되 내 아들아 번제할 어린 양은 하나님이 자기를 위하여 친히 준비하시리라 하고 두 사람이 함께 나아가서 하나님이 그에게 일러 주신 곳에 이른지라 이에 아브라함이 그 곳에 제단을 쌓고 나무를 벌여 놓고 그의 아들 이삭을 결박하여 제단 나무 위에 놓고 손을 내밀어 칼을 잡고 그 아들을 잡으려 하니 여호와의 사자가 하늘에서부터 그를 불러 이르시되 아브라함아 아브라함아 하시는지라 아브라함이 이르되 내가 여기 있나이다 하매 사자가 이르시되 그 아이에게 네 손을 대지 말라 그에게 아무 일도 하지 말라 네가 네 아들 네 독자까지도 내게 아끼지 아니하였으니 내가 이제야 네가 하나님을 경외하는 줄을 아노라 아브라함이 눈을 들어 살펴본즉 한 숫양이 뒤에 있는데 뿔이 수풀에 걸려 있는지라 아브라함이 가서 그 숫양을 가져다가 아들을 대신하여 번제로 드렸더라"(창 22:6-14)

그렇다. 복은 순종에서 온다. 하나님께서는 지금도 우리를 이름으로 부르시고 위기의 순간에서 구원해 주신다. 그날 들었던 하나님의 음성은 결코 우연이 아니었다. 그것은 분명한 하나님의 은혜였다. 그 부르심을 지금도 잊을 수 없으며 그 음성은 오늘도 필자를 목회자의 길로 걷게 하는 생명의 소리로 남아 있다.

작은 순종이 큰 기적을 낳는다. 물고기 두 마리와 보리떡 다섯 개를 예수님께 내어놓았던 한 아이처럼, 우리 교회 성도들도 매월 구역 예배를 드리며 적은 금액을 정성껏 헌금했다. 그렇게 매달 모인 헌금이 쌓여 5년 동안 1만 5천 달러에 이르렀고, 마침내 2015년 헤이티 땅에 우물 두 개를 파주는 결실을 맺게 되었다.

이 선교 사역에는 큰딸 은미도 함께했다. 당시 주일학교 교사로서 아빠의 사역에 동참했던 은미는 헤이티에서 태권도 선교를 감당했고, 이제는 의사가 되어 선교의 든든한 후원자가 되어주고 있다. 또 하나 기억에 남는 일은 우물 선교 기금을 마련하기 위해 남선교회를 중심으로 골프 대회를 열어 6,850달러의 귀한 선교 재정을 모을 수 있었다는 점이다. 이 모든 일은 하나님께서 주신 감동과 성도들의 작은 정성, 그리고 순종이 어우러져 가능했던 일이다. 하나님께 모든 영광을 돌려 드린다.

골프 대회를 마친 뒤 성도들과 함께 나눈 식사 시간은 단순한 교제를 넘어, 누군가를 도왔다는 감격과 기쁨으로 충만한 순간이었다. 남을 섬긴다는 기쁨은 오직 행동으로 옮겨본 사람만이 누릴 수 있는 은혜다. 직접 몸을 움직여 이웃을 섬긴 경험이 있는 사람만이, 그 기쁨의 참맛이 얼마나 깊고도 풍성한지를 깨달을 수 있다.

우물 선교 기금 마련을 위한 골프 대회 단체사진

골프 대회 시상식을 진행하는 필자

우물 완공 후 기뻐하는 모습

우물 완공 기념 테이프 커팅식

필자는 종종 생각한다. 만일 어머니께서 평소에 이웃을 섬기며 살아가는 모습을 보여주시지 않았다면, 과연 오늘의 내가 선교를 꿈꾸며 복음을 전하는 목회자의 길을 걸을 수 있었을까. 어릴 적, 어머니께서 가진 것을 나누며 살아가시던 그 삶의 향기는 지금도 목회와 선교의 밑거름이 되어주고 있다.

예수님께서는 이 땅에 오셔서 굶주린 사람에게는 먹을 것을, 병든 사람에게는 치유를, 귀신 들린 사람에게는 자유를 주셨으며, 죄 가운데 죽을 수밖에 없었던 인류에게는 생명의 길을 열어주셨다. 예수님의 삶과 가르침은 우리에게 분명한 방향을 제시해준다.

"선지자의 이름으로 선지자를 영접하는 자는 선지자의 상을 받을 것이요 의인의 이름으로 의인을 영접하는 자는 의인의 상을 받을 것이요 또 누구든지 제자의 이름으로 이 작은 자 중 하나에게 냉수 한 그릇이라도 주는 자는 내가 진실로 너희에게 이르노니 그 사람이 결단코 상을 잃지 아니하리라 하시니라"(마 10:41-42)

예수님께서는 이 말씀을 통해 우리의 작은 섬김도 하늘나라에서 귀하게 기억된다는 사실을 알려주신다. 그러므로 오늘도 때를 얻든지 못 얻든지 주님의 마음으로 이웃을 섬기고 복음을 전하는 삶이 우리 모두에게 주어진 사명임을 믿는다.

14
김밥
반 줄의
기억

필자가 고향을 떠나 부산행 열차를 타고 가던 어느 날, 열차 안에서 한 신혼부부를 만난 적이 있었다. 젊은 부부는 아마도 신혼여행을 떠나고 있었던 듯 보였다. 그들은 필자의 앞자리에 앉아 있었고 점심 무렵이 되자 김밥을 꺼내 먹기 시작했다.

그런데 놀랍게도, 그 부부는 자신들이 먹던 김밥 반 줄을 필자에게 건넸다. 필자는 조금의 망설임도 없이 그 김밥을 받아들고 맛있게 먹었다. 당시에는 너무나도 배가 고팠기 때문에 그것이 얼마나 큰 선물이었는지 모른다. 김밥 반 줄이 주는 따뜻한 마음과 나눔의 정신은 지금까지도 필자의 기억에 생생하게 남아 있다.

그 신혼부부의 이름도, 얼굴도 지금은 기억나지 않지만, 그때 받은 반 줄 김밥의 은혜는 불우한 이웃 나라의 수많은 아이들에게 수백 배, 수천 배로 돌려주고 있다고 믿는다. 마치 한 아이가 예수님께 드린 보리떡 다섯 개와 물고기 두 마리가 오천 명을 먹이고도 열두 바구니가 남았던 기적이 된 것처럼, 작은 나눔 하나가 얼마나 큰 기적을 이루는지 경험해 왔다.

필자는 지금까지 키스톤교회 외에 다른 교회에서 담임 목회를 한 적은 없지만, 다양한 지역 교회를 방문하여 복음을 전하는 사역을 해왔다. 어느 곳에 가든 주님의 복음을 온전히 전하고, 이웃 사랑을 실천하며 살아갈 수 있도록 하나님께서 필자에게 허락하신 그 은혜는 이루 말할 수 없을 만큼 크다. 주님은 분명히 말씀하셨다.

지역 교회에 방문하여 복음을 전하는 필자

지역 교회에 방문한 필자와 필자의 아내

필자가 선교의 비전을 가지게 된 것은 어머니의 영향이 제일 컸다. 하지만 열차 안에서 있었던 김밥 반 줄의 나눔 또한 작지 않은 계기가 되었음을 이렇게 고백하지 않을 수 없다.

필자는 예전에 방송에서 연예인 김수미 씨가 간증하는 모습을 본 적이 있다. 학창 시절, 한 식당 주인 아주머니께 밥을 얻어먹었던 기억을 평생 간직하고 있었던 그는, 어느 해 태풍 피해로 어려움을 겪는 도시에 수많은 김치를 무상으로 공급했다고 한다. 그분은 예수님을 믿고 난 후 얼굴빛이 달라졌다고 고백했으며 모든 것이 아름다워 보이기 시작했다고 말했다.

사실 인간은 혼자 살아갈 수 없는 존재이다. 함께 살아갈 때 비로소 행복이 찾아온다. 하나님께서도 천지를 창조하신 후 당신의 형상을 따라 사람을 지으시고, 사람이 혼자 있는 것이 좋지 않다 하시며 아담의 갈비뼈를 취하여 하와를 만드셨다. 가정은 그렇게 시작되었고, 사람은 함께 살아야 완전해진다.

솔로몬도 전도서 4장에서 이렇게 말했다.

"두 손에 가득하고 수고하며
바람을 잡는 것보다 한 손에만 가득하고 평온함이 더 나으니라
내가 또 다시 해 아래에서 헛된 것을 보았도다
어떤 사람은 아들도 없고 형제도 없이 홀로 있으나
그의 모든 수고에는 끝이 없도다

또 비록 그의 눈은 부요를 족하게 여기지 아니하면서 이르기를

내가 누구를 위하여는 이같이 수고하고

나를 위하여는 행복을 누리지 못하게 하는가 하여도

이것도 헛되어 불행한 노고로다

두 사람이 한 사람보다 나음은 그들이 수고함으로

좋은 상을 얻을 것임이라

혹시 그들이 넘어지면 하나가 그 동무를 붙들어 일으키려니와

홀로 있어 넘어지고 붙들어 일으킬 자가 없는 자에게는 화가 있으리라

또 두 사람이 함께 누우면 따뜻하거니와

한 사람이면 어찌 따뜻하랴

한 사람이면 패하겠거니와 두 사람이면 맞설 수 있나니

세 겹 줄은 쉽게 끊어지지 아니하느니라"(전 4:6-12)

이처럼 작은 나눔, 작은 동행이 때로는 생명을 살리고, 때로는 사명을 일깨우는 은혜의 시작이 되기도 한다.

15
한국에서
있었던
이야기

필자는 한때 부산에서 잠시 생활한 적이 있다. 어떤 일로 인해 전라남도 고흥에 내려가 친구의 고향집에 머물며 마음의 휴식을 취하고 있던 어느 날, 박정희 대통령이 총에 맞아 서거하셨다는 충격적인 뉴스를 접하게 되었다. 그날은 필자뿐 아니라 온 국민이 큰 슬픔에 잠긴 날이었다.

그즈음 필자는 친구 매형이 운영하는 문어잡이 어선에 동승한 적이 있다. 배가 출항할 때는 날씨가 맑고 바람 한 점 없었다. 그래서 큰 걱정 없이 배를 타고 여러 섬을 돌며 섬 주민들이 잡아놓은 문어를 수거하여 배의 수족관에 옮겨 담는 일을 도왔다. 그런데 갑작스레 하늘이 흐려지더니 비가 내리고 바람이 거세지고 파도가 배를 들쑤시기 시작했다.

겨울이라 날씨도 추웠고 파도는 앞뒤에서 몰아쳤다. 필자가 탄 배는 밤새도록 파도와 싸워야 했고 배 안 수족관에는 약 2,689kg의 문어가 가득 담겨 있었다. 그렇게 수족관에 물을 가득 채워 넣고 문어를 보관했는데 파도에 시달린 배는 결국 금이 가기 시작했고 바닷물이 스며들었다. 심지어 연료탱크도 손상되어 기름통이 둥둥 떠내려가는 급박한 상황이었다.

그날 밤, 필자는 배가 침몰할 것이라는 불길한 예감을 지울 수 없었다. '여기서 죽겠구나.' 하는 생각이 들자 오히려 무덤덤해졌다. 물을 퍼내는 것도 포기하고 그저 앉아 있었다. 이를 본 선장은 분노하며 "죽으려면 혼자 죽지 왜 가만히 있느냐."라고 외쳤다. 하지만 필자는 이미 마음을 내려놓은 상태였다.

그 와중에도 선장은 끝까지 엔진을 끄지 않고 저속 운항을 유지하며 물을 퍼내기 시작했다. 그렇게 밤을 지새우고 새벽이 되자 다행히 바람도 잦아들고 파도도 잔잔해졌다. 하지만 여전히 배에는 물이 가득했고 통신도 두절된 상태였다. 여수에서 우리 배를 기다리고 있던 사람들은 연락이 닿지 않자 사고를 의심하고 일본의 원양어선에 도움을 요청했다.

오후가 되자 멀리서 큰 배가 다가오는 것이 보였고, 선원들은 모두 기뻐하며 환호했지만 필자는 달랐다. 이유는, 살아남았다는 사실이 그저 어리둥절하게 느껴졌기 때문이다. 일본 어선에 구조된 우리는 난로가 있는 선실에서 몸을 녹이며 여수항으로 향했다.

그곳에서 더 놀라운 장면이 펼쳐졌다. 수족관에서 문어를 꺼내기 위해 잠수부가 들어갔는데, 수조의 물구멍을 막고 있던 물뽕(排水구멍) 하나가 이미 빠져 있었던 것이다. 그런데 그 구멍을 엄청나게 큰 문어 한 마리가 막고 있었다. 문어는 그 구멍으로 탈출하려다 몸집이 커서 빠져나가지 못하고 그 자리에 그대로 죽어 있었다. 만약 그 문어가 구멍을 통해 빠져나갔다면 수조는 순식간에 바닷물로 가득 차 배는 침몰했을 것이고, 필자를 포함한 전원이 목숨을 잃었을 것이다.

그 사건을 경험하며 필자는 '덤으로 사는 인생'이라는 사실을 다시 깨달았다. 하나님께서 나를 살리기 위해 그 문어를 사용하셨다고밖에 해석할 수 없는 일이었다. 사실 필자는 이전에도 여러 차례 죽음의 문턱에 이르렀다. 미국에서 사업할 때 권총 강도나 칼을 든 강도를 만난 일도 여러 번 있었지만, 그때마다 하나님의 지혜와 보호하심으로 살 수 있었다.

하나님께서는 필자의 인생을 위해 여러 차례 기적을 베푸셨고, 그것은 하나님의 사역을 위해 필자를 지키셨던 분명한 섭리였다. 구약성경 〈요나〉에 나오는 요나처럼, 하나님의 부르심을 외면하고 도망치던 필자에게도 하나님께서는 참으시며 기다리셨고 끝내 하나님 나라를 위한 사역의 길로 인도하셨다.

"여호와의 말씀이 아밋대의 아들 요나에게 임하니라 이르시되
너는 일어나 저 큰 성읍 니느웨로 가서 그것을 향하여 외치라
그 악독이 내 앞에 상달되었음이니라 하시니라
그러나 요나가 여호와의 얼굴을 피하려고
일어나 다시스로 도망하려 하여 욥바로 내려갔더니
마침 다시스로 가는 배를 만난지라
여호와의 얼굴을 피하여 그들과 함께 다시스로 가려고
배삯을 주고 배에 올랐더라
여호와께서 큰 바람을 바다 위에 내리시매
바다 가운데에 큰 폭풍이 일어나 배가 거의 깨지게 된지라
사공들이 두려워하여 각각 자기의 신을 부르고
또 배를 가볍게 하려고 그 가운데 물건들을 바다에 던지니라
그러나 요나는 배 밑층에 내려가서 누워 깊이 잠이 든지라"(욘 1:1-5)

이 모든 일을 통해 필자는 하나님의 은혜를 다시 한번 깊이 깨달았다. 문어

한 마리가 그 작은 구멍을 막고 있었던 것은 단순한 우연이 아니라, 하나님께서 준비하신 생명의 통로였던 것이다. 지금 필자가 살아 이 간증을 쓰고 있는 이유는 오직 하나, 하나님의 은혜 때문이다.

"여호와여 주께서 나를 살펴 보셨으므로 나를 아시나이다
주께서 내가 앉고 일어섬을 아시고
멀리서도 나의 생각을 밝히 아시오며
나의 모든 길과 내가 눕는 것을 살펴 보셨으므로
나의 모든 행위를 익히 아시오니
여호와여 내 혀의 말을 알지 못하시는 것이 하나도 없으시니이다
주께서 나의 앞뒤를 둘러싸시고 내게 안수하셨나이다"(시 139:1-5)

"너희는 먼저 그의 나라와 그의 의를 구하라
그리하면 이 모든 것을 너희에게 더하시리라
But seek ye first the kingdom of God,
and his righteousness;
and all these things shall be added unto you."(KJV, 마 6:33)

16
화살같이 빠른 시간

돌아보면 이민 생활 40년이라는 시간이 참으로 화살같이 지나갔다. 필자가 스물세 살에 미국 플로리다에 도착했을 때만 해도, 앞서 이민 오신 많은 선배들이 있었다. 하지만 이제는 그분들을 공공장소나 행사장, 교회에서 다시 뵐 수 없다. 대부분이 주님의 품에 안기셨기 때문이다.

이처럼 세월은 사람을 기다려주지 않는다.

지금 전립선암이 폐로 전이되어 있다. 생명이 앞으로 얼마나 더 이어질지는 필자는 모르고, 오직 주님만이 아신다.

사도 바울이 디모데후서 4장 17-18절에서 고백했던 말씀이 마음에 깊이 와 닿는다.

"주께서 내 곁에 서서 나에게 힘을 주심은 나로 말미암아 선포된 말씀이
온전히 전파되어 모든 이방인이 듣게 하려 하심이니
내가 사자의 입에서 건짐을 받았느니라
주께서 나를 모든 악한 일에서 건져내시고
또 그의 천국에 들어가도록 구원하시리니
그에게 영광이 세세무궁토록 있을지어다 아멘"

또한 바울은 빌립보서 3장 11-14절에서 이렇게 말했다.

"어떻게 해서든지 죽은 자 가운데서 부활에 이르려 하노니

내가 이미 얻었다 함도 아니요 온전히 이루었다 함도 아니라
오직 내가 그리스도 예수께 잡힌 바 된 그것을 잡으려고 달려가노라
형제들아 나는 아직 내가 잡은 줄로 여기지 아니하고
오직 한 일 즉 뒤에 있는 것은 잊어버리고 앞에 있는 것을 잡으려고
푯대를 향하여 그리스도 예수 안에서
하나님이 위에서 부르신 부름의 상을 위하여 달려가노라"

필자도 언젠가 주님의 부르심을 받게 될 것이다. 그날이 언제일지는 모르지만, 나는 분명히 천국이 있음을 믿는다. 사도 바울이 자신의 생명을 다하여 복음을 전했던 것처럼 필자 역시 마지막까지 복음을 전하며 살고자 한다.

2024년 7월 21일 주일예배를 마친 후, 멕시코 티후아나로 단기선교를 떠날 계획을 세웠다. 언제 어떻게 주님 품에 갈지 알 수 없지만, 그날까지 내게 주어진 복음 전파의 사명을 감당하고자 한다.

확신 속에서 이 말을 전하고 싶다. "예수님을 믿으면 결론은 승리입니다." 내가 돈이 많아서 행복한 것이 아니다. 내 삶의 주인이신 예수 그리스도께서 나의 주인이시기 때문에 나는 부족함이 없다. 주님께 구할 때마다 응답하시는 하나님이 계시기에 오늘도 평안하다.

내 자녀들이 복을 받고, 내 가정이 복을 받고, 내가 섬기는 교회가 복을 받은 것이 모두 성령님께서 필자를 붙들고 가르쳐 주신 덕분임을 믿는다.

그리고 이 모든 삶을 함께해준 아내가 있다. 내 아내는 세 자녀의 어머니로, 한 남편의 아내로, 한 교회의 사모로서 말없이 자신에게 주어진 자리를 지켜주었다. 함께 살아온 37년의 세월 동안, 힘들고 어려운 순간에도 끝까지 인내하며 나의 곁을 지켜준 아내에게 이 자리를 빌려 진심으로 감사의 말을 전하고 싶다.

"여보, 당신이 있었기에 오늘의 내가 있습니다. 고맙고, 또 사랑합니다."

그녀는 하나님 다음으로 필자가 가장 사랑하는 사람이다. 이 글의 마지막을 맺으며, 간절히 소망한다. 혹시라도 이 글을 읽는 분들 가운데 예수님을 아직 만나지 못한 분이 계시다면 가까운 교회 문을 열어 보시라. 주님께서 그 자리에 계시고, 여러분을 기다리고 계신다.

하나님의 은총이 여러분 모두에게 충만하시길 기도드립니다.

미국이민 40 Years

선교활동을 하는 필자의 여정

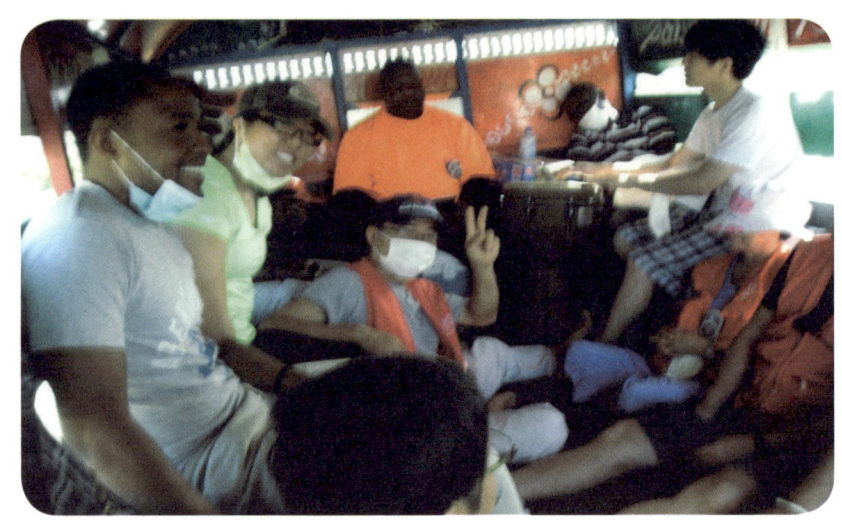
깡통 밴(van)을 타고 10시간이 걸리는 고산 지역을 향하는 필자

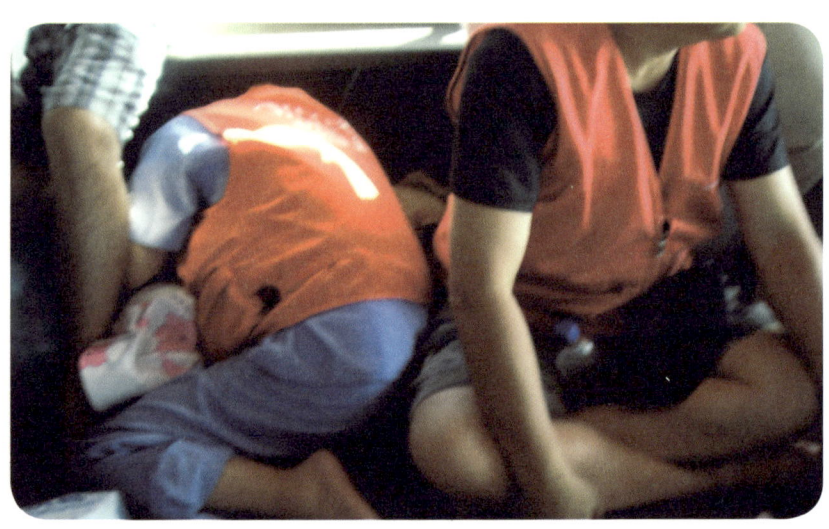
깡통 밴에서의 쪽잠을 자는 필자

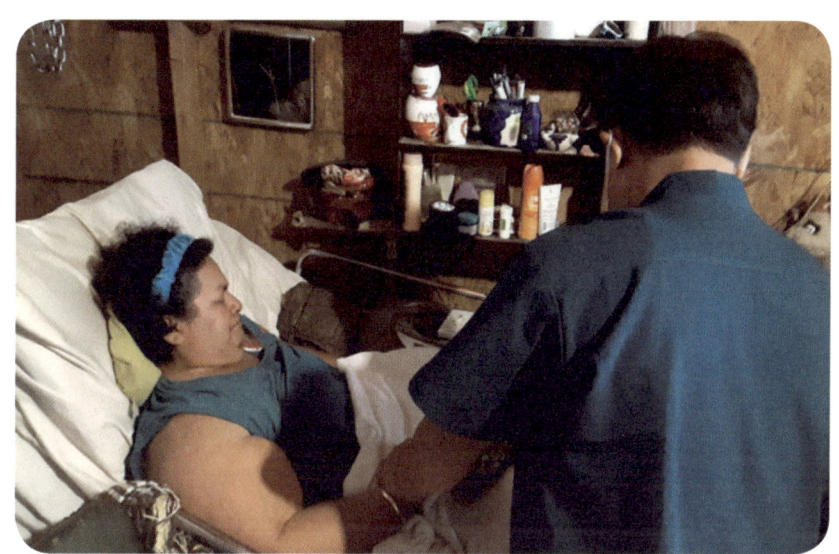
당뇨로 다리를 절단한 멕시코 여성을 위해 기도하는 필자

텐트 안에서 헤이티 아이들을 교육하는 필자

선교헌금을 전달하는 모습

헤이티 현지 교회에서 설교하는 필자

교회 공사현장의 안전을 위해 기도하는 최재민 선교사

멕시코 타와나 화장실을 짓기 위한 공사와 교회 증축 공사

키스톤 한인침례교회에서 멕시코 티우하나 교회를 지원하는 교회 건물 모습

멕시코 한인 회관 앞 필자 부부

헤이티 현지인들이 즐겨 먹는 음식을 들고 있는 두 청년

17
설교문

설교문 1

오병이어의 나눔은 불가능을 가능하게 한다
(요한복음 6:8~13)

I. 서론

요한복음 6장 8-9절은 다음과 같은 내용을 담고 있습니다.

"제자 중 하나, 곧 시몬 베드로의 형제 안드레가 예수께 여짜오되 여기 한 아이가 있어 보리떡 다섯 개와 물고기 두 마리를 가지고 있나이다. 그러나 그것이 이 많은 사람에게 얼마나 되겠사옵나이까?"

예수님께서는 이 작은 도시락, 보리떡 다섯 개와 물고기 두 마리를 들고 하늘 아버지께 기도하셨고 그 순간 기적이 일어났습니다. 남자만 5천 명이 넘는 사람들이 먹고도 남은 조각이 열두 광주리나 되었다고 기록되어 있습니다. 이 사건은 나눔의 힘이 얼마나 큰지, 사랑이 불가능을 가능하게 만드는지에 대한 강력한 증거입니다.

우리는 이 기적을 통해, 나눔이 단순한 물질적 분배를 넘어서 신앙과 사랑으로 이루어질 때 어떤 기적이 일어날 수 있는지를 깨닫게 됩니다. 나눔의 사랑은 불가능을 가능하게 만드는 놀라운 힘을 가지고 있습니다.

II. 개인적 경험: 나눔의 은혜

저는 10대 후반, 시골을 떠나 부산으로 가던 길에 광주역에서 완행열차를 타고 있었습니다. 당시에 제 앞에는 20대 중반의 젊은 신혼부부가 타고 있었습니다. 열차는 매우 느렸습니다. 오늘날의 KTX와 같은 고속열차가 아닌, 오랜 시간이 걸리는 완행열차였습니다. 그때 저는 열차 안에서 잊을 수 없는 경험을 하게 되었습니다.

저녁 시간이 되어 열차 안에서 "김밥이요, 김밥!" 외치는 소리가 들렸습니다. 저는 배가 고팠지만, 김밥을 살 돈이 없었습니다. 그때 제 앞에 앉아 있던 젊은 신혼부부가 김밥과 음료를 나누어 먹고 있었습니다. 저는 그들이 먹고 있는 김밥을 바라볼 수밖에 없었습니다. 부부는 이를 눈치채고 자신들이 먹던 김밥 반 줄을 저에게 건네주었습니다. 그날 그들이 건네준 김밥 반 줄을 받아 먹은 기억은 지금까지도 제 마음속에 깊이 남아 있습니다.

세월이 50년이나 흘렀지만, 그때 받은 김밥 반 줄의 은혜는 잊을 수 없습니다. 그 부부의 이름도, 얼굴도 기억나지 않지만 그들의 따뜻한 나눔은 평생 잊지 못할 은혜로 남아 있습니다.

이 경험은 제 인생의 중요한 전환점이 되었고, 나눔의 중요성을 일깨워주었습니다. 이 경험이 오늘날 제 목회와 선교 활동에 얼마나 깊은 영향을 미쳤는지 설명할 수 있습니다.

III. 성경적 관점: 오병이어의 기적

오병이어의 기적은 단순한 물질적 나눔을 넘어, 신앙과 사랑의 깊이를 보여주는 중요한 사건입니다. 〈요한복음〉에 기록된 이 사건에서 한 소년은 자신이 가지고 있던 도시락을 예수님께 내놓았습니다. 그 도시락에는 보리떡 다섯 개와 물고기 두 마리가 있었지만, 예수님의 기도와 하나님의 능력으로 이 작은 음식이 수천 명의 사람들에게 나누어졌습니다.

이 사건은 단지 배고픈 사람들의 배를 채운 기적에 그치지 않습니다. 이는 우리가 가진 것이 아무리 작고 미약해 보일지라도, 하나님께 드릴 때에는 그분의 능력으로 큰 일을 이룰 수 있음을 보여줍니다. 소년의 작은 나눔이 하나님의 능력과 만나 엄청난 기적을 이끌어낸 것입니다.

예수님 당시 이 사건에서 중요한 점은, 나눔을 통해 이루어진 기적이 단순히 육체적인 필요를 넘어 영적인 은혜까지도 전달했다는 사실입니다. 이는 나눔의 진정한 힘을 보여주는 예입니다. 사랑으로 이루어진 나눔은 그 자체로 기적을 일으킬 수 있습니다.

IV. 나눔의 영향력: 나눔이 가져온 변화

열차 안에서 젊은 부부가 나에게 건넨 김밥 반 줄은 단순한 음식 이상의 의미를 가졌습니다. 이 작은 나눔이 제 인생에 큰 영향을 미쳤습니다. 이 경험을 통해 저는 목회자의 길을 걸으면서, 전 세계 불우한 이들을 섬기는 선교의 꿈을 키우게 되었습니다.

저는 이후 미국으로 이민 와서 요식업에 종사하게 되었는데, 25년간 음식업에 종사하며 고객을 섬기는 습관이 생겼습니다. 고객의 만족을 최우선으로 생각하며, 고객을 사랑하는 마음으로 가장 좋은 품질의 음식을 제공했습니다. 그 결과, 저의 목회 철학도 자연스럽게 '섬김'과 '나눔'으로 이어졌습니다.

2011년, 처음으로 아이티(Haiti) 구호 사역을 지원하게 되었고, 이후 2015년에는 그곳에 우물 선교와 교회 보수 공사를 지원하게 되었습니다. 또한 어린이들에게 빵을 나누어 주는 사역도 진행하게 되었습니다. 이외에도 태국 교육 사역, 필리핀에 성경을 보내는 사역, 멕시코 티후아나에서 교회를 짓는 사역, 한국의 농어촌 교회를 돕는 사역 등 다양한 선교 활동에 참여하게 되었습니다.

이 모든 사역의 동기는 50년 전 열차 안에서 경험한 김밥 반 줄의 은혜에서 비롯되었습니다. 그 작은 나눔이 제게 큰 감동을 주었고, 지금까지도 그 감동을 바탕으로 나눔의 삶을 살고 있습니다.

V. 결단의 말

나눔과 베풂은 사랑의 실천입니다. 우리가 가진 것을 나누는 것은 물질적인 것을 나누는 행동을 넘어 마음을 나누는 것입니다. 사랑이 없다면 아무리 많은 것을 가지고 있어도 남에게 줄 수 없습니다. 오늘 성경에서 예수님께서 보여주신 오병이어의 기적은 나눔을 통해 이룰 수 있는 큰 축복을 우리에게 가르쳐 줍니다.

혼자 먹어도 부족할 수 있었던 작은 도시락이었지만, 그 도시락을 나누었을 때 많은 사람들의 배가 불러졌습니다. 우리 모두가 과거에 누군가로부터 받은 은혜를 기억하며 살아간다면, 우리도 남에게 나눌 수 있는 마음을 얻게 됩니다. 저는 어릴 적 열차에서 받은 김밥 반 줄의 은혜를 잊지 않고, 이웃을 사랑하고 함께 나누는 기쁨을 지금까지도 간직하고 있습니다.

오늘날 교회가 해야 할 일은 바로 이러한 나눔을 실천하는 것입니다. 오병이어의 보리떡 다섯 개와 물고기 두 마리처럼, 우리가 가진 작은 것이라도 하나님께 드렸을 때 큰 기적을 이룰 수 있습니다.

저는 교회에 전하고 싶은 말이 있습니다. 여러분의 주변 이웃을 돌보고 사랑으로 나누는 교회가 되어야 한다는 것입니다. 이웃을 향한 나눔의 덕은 하나님의 은혜를 경험하게 하며, 그 사랑을 통해 우리는 다른 사람들을 도울 수 있게 됩니다.

이것이 바로 하나님의 덕, 이웃을 위한 나눔의 덕이며, 이를 통해 세상에 사랑이 싹트고 기적이 일어날 것입니다.

Ⅵ. 나눔의 지속성과 영향

나눔은 단순히 한 순간에 끝나는 행위가 아니라, 지속적이고 장기적인 영향을 미칩니다. 김밥 반 줄을 받은 제 소년 시절의 경험은 일시적인 배고픔을 해결한 것 이상이었습니다. 그것은 삶에 대한 새로운 관점과 사명감을 심어주었습니다. 이처럼 나눔은 그 자체로 다른 사람의 삶에 깊이 영향을 미칠 수 있으며, 때로는 예상치 못한 방식으로 그 영향이 확장됩니다.

나눔의 지속적인 힘을 이해하기 위해서는 오병이어의 기적을 다시 한 번 상기해볼 필요가 있습니다. 그 기적은 단순히 5천 명이 넘는 사람들이 배부르게 먹은 사건에 그치지 않았습니다. 그 사건은 예수님의 사역에 참여했던 모든 이들의 믿음을 강화하고, 예수님의 권능을 증명하는 순간이었습니다. 나눔은 그 자체로 하나님의 영광을 드러내는 중요한 수단이 되었습니다.

오늘날 우리의 나눔도 마찬가지입니다. 작고 사소한 것처럼 보이는 나눔이라 할지라도, 그것이 얼마나 큰 영향을 미칠지 모릅니다. 우리가 주님 앞에 드리는 작은 헌신이 이웃에게 기적과 같은 힘을 가져다줄 수 있습니다. 나눔의 진정한 힘은 그 결과를 즉각적으로 알 수 없을 때에도 지속되는 영향력에 있습니다.

VII. 나눔을 통해 경험하는 기쁨과 평화

나눔은 주는 이와 받는 이 모두에게 기쁨과 평화를 가져다줍니다. 제게 김밥을 나누어 준 신혼부부는 그들이 나눈 음식이 어떤 영향력을 미칠지 몰랐을 것입니다. 그러나 그들은 배고픈 한 소년에게 자비를 베풀며, 그 순간 작은 기쁨과 평안을 느꼈을 것입니다. 그 작은 나눔이 지금도 제 마음에 남아 있듯이, 나눔은 지속적인 기쁨과 평안을 선사합니다.

저 또한 목회와 선교 활동을 하며 여러 차례 나눔을 실천할 기회를 가졌습니다. 특히, 아이티에서 우물을 파주는 사역이나 멕시코에서 교회를 짓는 사역을 통해 사람들의 필요를 채워주면서 깊은 기쁨을 느낄 수 있었습니다. 나눔은 물질적인 것뿐 아니라, 시간, 사랑, 배려 등 우리의 마음에서 우러나오는 모든 것을 포함합니다. 그리고 이러한 나눔은 우리의 영혼을 채워줍니다.

나눔을 통해 우리는 더 큰 하나님의 은혜를 경험할 수 있습니다. 나눔은 자선이나 도덕적인 의무를 넘어서, 하나님의 사랑을 구체적으로 실천하는 방법입니다. 하나님께서는 우리가 나누기를 원하시며, 그 나눔을 통해 세상에 하나님의 사랑을 드러내길 원하십니다.

VIII. 나눔의 소명: 우리 모두의 책임

나눔은 선택이 아니라 하나님의 부르심, 즉 소명입니다. 예수님께서 우리에게 보여주신 오병이어의 기적은 단순히 물질을 나눈 사건이 아니라, 나눔이 신앙의 본질이라는 것을 가르쳐줍니다. 하나님께서는 우리 모두가 가진 것을 나누고, 이웃을 돌보며 살기를 원하십니다.

나눔의 소명은 신앙 생활의 핵심입니다. 우리에게 주어진 시간, 재능, 물질을 어떻게 사용할 것인가에 대한 문제는 매우 중요합니다. 우리는 모든 것이 하나님의 은혜로 주어진 것임을 깨닫고, 그 은혜를 나누며 살아야 합니다. 오늘날 교회들이 그리스도의 사랑을 세상에 실천하려면, 나눔을 삶의 중심에 두어야 합니다.

교회는 단순히 예배와 교리를 넘어서, 지역 사회에서 실질적인 나눔을 실천하는 공동체로 나아가야 합니다. 오병이어의 기적이 우리에게 가르쳐준 것은, 작고 보잘것없어 보이는 나눔도 하나님께 드릴 때 무한한 가능성을 열 수 있다는 사실입니다. 우리 주변의 가난한 사람들, 병든 사람들, 소외된 이웃들을 향한 나눔은 그리스도의 사랑을 실천하는 구체적인 방법입니다.

IX. 나가는 말: 나눔을 통한 하나님의 영광

나눔은 단순히 인간적인 친절이나 호의를 넘어서, 하나님의 영광을 드러내는 도구입니다. 예수님께서 오병이어로 5천 명을 먹이신 기적은 단지 물질적 나눔에 그치지 않았습니다. 그것은 하나님의 능력을 증명하고, 그분의 사랑을 드러내는 사건이었습니다. 우리가 나눌 때, 우리는 그 사랑의 일부가 되어 하나님의 영광을 세상에 증거하게 됩니다.

우리 모두는 나눔의 힘을 경험할 수 있습니다. 나눔을 통해 우리는 세상에 하나님의 사랑을 전하고, 그분의 놀라운 기적을 함께 나눌 수 있습니다. 교회는 이 나눔의 사명을 잊지 말고, 이웃을 돌보고 사랑하는 공동체가 되어야 합니다.

우리는 나눔을 통해 하나님과의 깊은 관계를 더욱 견고히 하고, 이웃과의 사랑을 실천할 수 있습니다. 작은 나눔이 큰 기적을 이룰 수 있습니다. 그 기적은 하나님께서 우리에게 주신 사랑의 표현입니다. 그러므로 우리 모두는 나눔을 삶의 중심에 두고, 하나님께 영광을 돌리는 삶을 살아가야 할 것입니다.

이처럼 나눔의 사랑은 불가능을 가능하게 하며, 하나님의 영광을 드러내는 도구입니다. 우리가 가진 것을 나눌 때, 그 나눔은 세상에 기적을 불러일으킬 것입니다.

설교문 2

창조의 사랑:
하나님의 형상으로 창조된 인간 (창세기 1:26~31)

서론

하나님께서는 세상을 사랑으로 창조하셨습니다. 그 창조의 절정은 바로 인간, 우리입니다. 우리는 하나님의 형상으로 창조되었습니다. 하나님의 형상이라는 개념은 인간이 가진 존엄성과 책임, 그리고 하나님과의 깊은 관계를 의미합니다. 오늘은 창세기 1장에 나타난 하나님의 창조적 사랑에 대해 함께 나누고, 우리에게 맡겨주신 소명을 다시 생각해보는 시간을 갖고자 합니다.

1. 하나님의 형상(Imago Dei): 존엄성과 책임

하나님께서는 창세기 1:26에서 "우리의 형상대로 우리가 사람을 만들자"라고 말씀하십니다. 여기서 '우리'라는 표현은 삼위일체 하나님을 나타내며, 우리는 그분의 형상을 따라 창조되었습니다. 이 구절은 우리가 단지 물질적 존재가 아닌, 영적이고 도덕적인 책임을 가진 특별한 존재임을 보여줍니다.

하나님의 형상은 무엇을 의미하는가?

첫째, 그것은 인간의 존엄성을 말합니다. 우리는 하나님의 형상으로 창조되었기에, 본질적으로 존귀한 존재들입니다. 오늘날 인간의 존엄성이 경시되는 시대에, 우리는 창조주 하나님께서 우리에게 부여한 존엄성을 기억해야 합니다.

둘째, 그것은 우리의 책임을 말합니다. 우리는 단지 존귀한 존재로서 살아가는 것에 그치지 않고, 하나님께서 주신 책임을 가지고 세상을 돌보는 청지기로서의 역할을 부여받았습니다. 이는 단순히 자연 환경을 관리하는 것을 넘어, 우리의 모든 관계와 삶 속에서 하나님의 대리자로 살아가는 것을 포함합니다.

적용: 우리는 일상 속에서 하나님의 형상을 어떻게 나타내고 있습니까? 우리의 가족과 직장, 사회 속에서 하나님의 사랑과 정의를 어떻게 실천하고 있습니까? 우리의 삶은 하나님의 형상을 드러내는 도구가 되어야 합니다.

2. 하나님의 창조는 선하고 아름답다

하나님께서는 창조의 마지막 날, 인간을 포함한 모든 창조물을 보시고 "심히 좋았다"(창 1:31)라고 선언하셨습니다. 이는 하나님께서 만드신 모든 것이 완벽한 조화를 이루고 있었음을 보여줍니다. 인간과 자연, 모든 피조물은 서로 연결되어 있었고, 하나님께서는 그 모든 것을 보시며 기뻐하셨습니다.

하나님의 선하심과 창조의 아름다움

하나님께서 창조하신 모든 것은 그 자체로 선하고 아름답습니다. 그러나 오늘날 우리는 창조의 아름다움을 잊고 살아가는 경우가 많습니다. 환경을 파괴하고, 인간의 탐욕으로 인해 창조 질서가 무너지고 있습니다. 우리는 창조주 하나님의 뜻에 따라 창조 세계를 보존하고 돌봐야 할 책임이 있습니다.

적용: 우리가 창조 세계를 대하는 태도는 어떠합니까? 환경을 보호하고 자연과 더불어 살아가려는 노력을 하고 있습니까? 하나님께서 우리에게 맡기신 창조 세계를 돌보는 것이 우리의 책임임을 기억합시다.

3. 인간에게 주어진 창조의 사명: 청지기직

창세기 1:28에서 하나님께서는 인간에게 땅을 정복하고, 모든 생물을 다스리라고 명하셨습니다. 그러나 이 명령은 단순한 권력 행사나 착취를 의미하는 것이 아닙니다. 오히려 사랑으로 돌보고, 창조의 질서를 유지하라는 책임을 의미합니다. 하나님께서는 우리에게 피조물을 돌볼 권한과 함께 그에 따른 책임도 주셨습니다.

청지기직의 의미

청지기란, 주인이 맡긴 재산을 관리하는 사람입니다. 우리는 하나님께서 창조하신 모든 것을 맡은 청지기입니다. 이는 우리의 삶 속에서 하나님께서 주신 시간, 재능, 물질을 어떻게 사용하고 있는지에 대한 질문을 우리에게 던집니다. 우리는 모든 자원을 하나님의 영광을 위해 사용해야 할 책임이 있습니다.

적용: 우리는 하나님께서 우리에게 맡기신 것들을 어떻게 사용하고 있습니까? 나의 시간, 재능, 물질을 하나님의 영광과 이웃의 유익을 위해 사용하고 있습니까? 우리의 삶 속에서 하나님의 창조적 사랑을 실천하는 청지기가 됩시다.

결론

하나님의 창조는 사랑으로 이루어진 것이며, 우리는 그 창조의 절정입니다. 하나님의 형상으로 창조된 우리는 존귀한 존재이며, 동시에 책임을 가진 존재입니다. 창조 세계를 돌보고, 하나님의 형상을 세상에 드러내는 것이 우리의 사명임을 기억합시다.

설교문 3

타락과 회복:
죄 가운데서도 지속되는 하나님의 사랑 (창세기 3:1~15)

서론

오늘 우리는 창세기 3장에 나타난 타락의 이야기를 통해 죄와 그 결과, 그리고 하나님의 사랑과 구원의 약속을 살펴보려고 합니다. 아담과 하와가 하나님께 불순종하고 선악과를 먹음으로 인류의 죄가 시작되었습니다. 그러나 하나님께서는 그들을 버리지 않으시고, 구속의 약속을 주셨습니다.

1. 유혹과 타락: 하나님과의 관계 단절

창세기 3:1-6에서 뱀은 하와를 유혹하여 하나님께서 금하신 선악과를 먹도록 합니다. 이 사건은 단순한 불순종 이상의 의미를 가집니다. 그것은 인간이 하나님보다 자신의 지혜와 욕망을 우선시했음을 의미합니다. 아담과 하와는 하나님의 명령을 어기고 그 결과 하나님과의 관계가 단절됩니다.

죄의 본질: 하나님을 의지하지 않는 마음

죄란 단순한 행위가 아니라, 하나님보다 자신을 신뢰하는 마음에서 비롯됩니다. 아담과 하와는 하나님께서 주신 모든 것을 누리면서도 만족하지 못하고, 자신들이 하나님과 같이 되려는 욕망에 빠졌습니다. 이는 오늘날 우리에게도 동일하게 적용됩니다. 우리는 종종 하나님의 뜻보다 우리의 욕망을 따라 선택하고, 그로 인해 하나님과의 관계가 단절됩니다.

적용: 우리는 일상에서 하나님을 신뢰하고 그분의 뜻을 따르는 삶을 살고 있습니까? 아니면 우리의 욕망과 판단에 따라 결정하고 있습니까? 우리의 마음을 다시 하나님께로 돌려, 그분의 뜻을 신뢰합시다.

2. 죄의 결과: 관계의 파괴와 두려움

타락의 결과는 즉각적으로 나타납니다. 아담과 하와는 자신의 벌거벗음을 깨닫고 부끄러워하며, 하나님을 피해 숨습니다(창 3:7-10). 이는 죄가 가져온 결과입니다. 죄는 하나님과의 관계를 파괴하며, 우리를 두려움과 수치 속에 빠뜨립니다.

죄의 영향: 인간 관계의 파괴
죄는 하나님과의 관계 뿐만 아니라 인간 관계도 파괴합니다. 아담은 자신의 잘못을 하와에게 돌리고, 하와는 뱀을 탓합니다. 이는 인간이 죄를 짓고 나면 서로를 탓하며 관계가 깨어짐을 보여줍니다. 우리의 삶 속에서도 죄는 불신과 갈등을 일으키고, 화해보다는 분쟁을 초래합니다.

적용: 우리의 삶 속에서 죄가 어떤 영향을 미치고 있습니까? 가족, 친구, 동료와의 관계에서 갈등이 있다면, 그것은 죄의 결과일 수 있습니다. 우리는 하나님께 나아가 우리의 죄를 고백하고, 화해의 길을 찾아야 합니다.

3. 하나님의 구속 계획: 원시 복음 (창세기 3:15)

그러나 하나님께서는 인간을 버리지 않으십니다. 창세기 3:15에서 하나님은 여자의 후손이 뱀의 머리를 상하게 할 것이라고 약속하십니다. 이는 인류의 구속을 예언하는 첫 번째 복음 메시지입니다. 하나님께서는 죄의 문제를 해결하기 위해 이미 구원의 계획을 세우셨습니다.

구속의 약속: 예수 그리스도의 오심

이 구절은 예수 그리스도의 오심을 예표합니다. 여자의 후손으로 예표된 예수 그리스도께서 오셔서 뱀, 즉 사탄을 물리치시고, 죄와 죽음을 이기실 것이라는 약속입니다. 비록 아담과 하와의 불순종으로 인해 인류에게 죄와 죽음이 들어왔지만, 하나님께서는 인간을 향한 사랑을 포기하지 않으시고 구원의 길을 열어주셨습니다. 이 구속의 약속은 우리가 어떠한 죄를 지었더라도 하나님의 사랑이 우리를 향해 여전히 지속된다는 증거입니다.

적용: 우리는 구속의 약속 안에서 살고 있습니까? 우리는 예수 그리스도의 십자가를 통해 우리에게 주어진 구원의 은혜를 믿고 있습니까? 하나님의 사랑은 우리의 죄보다 크며, 우리는 그분의 은혜 안에서 회복될 수 있습니다.

결론

타락의 이야기는 죄로 인해 하나님과의 관계가 단절되고, 우리 삶 속에 고통과 두려움이 찾아온다는 사실을 보여줍니다. 그러나 동시에 하나님의 사랑은 여전히 우리를 붙들고 계십니다. 창세기 3장에서 하나님께서는 여자의 후손을 통해 구원의 계획을 이루실 것을 약속하셨습니다. 우리가 이 약속을 믿고 나아갈 때, 하나님의 사랑 안에서 회복과 구원의 은혜를 누릴 수 있습니다. 지금 이 순간, 우리는 구원의 약속을 붙들고, 하나님께 나아가야 합니다.

설교문 4

타락 이후에도 지속되는 하나님의 사랑:
회복의 여정 (창세기 3:20~24)

서론

오늘의 본문인 창세기 3장 20절에서 24절은 아담과 하와가 에덴동산에서 쫓겨나는 장면을 묘사하고 있습니다. 하나님께서는 아담과 하와의 죄로 인해 에덴에서 그들을 내쫓으셨지만, 그들의 삶을 완전히 버리지 않으셨습니다. 오히려 그들을 위한 은혜의 손길이 이어졌고, 그들을 위한 회복의 계획이 여전히 진행 중이었습니다.

1. 하나님의 자비: 가죽옷을 지어 입히심

창세기 3:21에서 하나님께서는 아담과 하와에게 가죽옷을 지어 입히십니다. 이 장면은 단순히 그들의 육체를 덮기 위한 행위 이상의 의미를 지닙니다. 이는 하나님께서 그들의 부끄러움과 수치를 덮어주신다는 상징적인 의미를 가지고 있습니다. 하나님께서는 그들이 죄를 지었음에도 불구하고 그들을 보호하고 돌보시는 자비로운 분이십니다.

하나님의 자비: 죄 중에도 보호하시는 하나님
아담과 하와는 자신의 죄로 인해 수치심을 느꼈고, 그들은 하나님 앞에서

벌거벗었음을 깨달았습니다. 그러나 하나님께서는 그들의 수치를 덮어주셨습니다. 이것은 하나님께서 단지 그들의 죄를 심판하는 데 그치지 않고, 여전히 그들을 보호하고 돌보시는 분이라는 것을 보여줍니다. 이 가죽옷은 훗날 예수 그리스도의 보혈로 우리가 덮여질 것을 예표합니다.

적용: 우리는 죄로 인해 하나님 앞에서 수치심을 느낄 때가 많습니다. 그러나 하나님께서는 우리의 수치를 덮어주시고, 우리를 회복시키기를 원하십니다. 우리는 하나님의 자비를 기억하고, 그분 앞에 나아가야 합니다.

2. 에덴에서의 추방: 고통 속의 소망

창세기 3:23-24에서 아담과 하와는 결국 에덴동산에서 쫓겨나게 됩니다. 이 추방은 그들에게 고통과 슬픔을 가져왔을 것입니다. 그러나 이 추방조차도 하나님의 사랑이 담겨 있는 결정이었습니다. 그들이 에덴에서 쫓겨남으로써 생명나무에 접근하지 못하게 된 것은, 죄의 상태에서 영원히 살지 않게 하려는 하나님의 보호 조치였습니다.

하나님의 사랑 속에 있는 고통
하나님께서는 때로 우리가 이해하지 못하는 방식으로 우리의 삶에 개입하십니다. 아담과 하와가 에덴에서 쫓겨나는 것은 그들에게는 고통스러운 일이었을지 모르지만, 그것은 그들을 위한 하나님의 더 큰 계획의 일부였습니다. 죄 가운데서 영원히 살지 않도록 하시고, 구속의 계획을 이루시기 위한 사랑의 조치였던 것입니다.

적용: 우리의 삶에도 이해할 수 없는 고통과 어려움이 찾아올 때가 있습니다. 그러나 그 속에서도 하나님의 사랑은 여전히 우리를 향해 있습니다. 우리는 하나님의 계획을 신뢰하고, 그분의 인도하심을 믿어야 합니다.

3. 회복의 약속: 구속의 여정이 시작되다

아담과 하와가 에덴을 떠나게 되었지만, 그들이 향한 길은 완전한 절망이 아니었습니다. 창세기 3장에서 이미 하나님께서는 구속의 약속을 주셨고, 그 약속은 이제부터 이루어지기 시작합니다. 비록 그들은 에덴을 떠났지만, 하나님께서 그들과 함께하시며, 그들의 자손을 통해 구원의 계획을 이루실 것을 약속하셨습니다.

구속의 여정: 회복의 시작
아담과 하와의 추방은 끝이 아니라, 하나님의 구속 계획의 시작이었습니다. 하나님께서는 그들을 버리지 않으시고, 오히려 그들의 후손을 통해 메시아를 보내실 계획을 세우셨습니다. 하나님께서 세우신 구속의 여정은 예수 그리스도를 통해 완성될 것이며, 우리는 그 회복의 여정에 동참하는 하나님의 백성입니다.

적용: 우리는 구속의 여정 속에서 하나님의 은혜를 체험하고 있습니까? 우리는 예수 그리스도 안에서 우리의 죄가 용서받고, 회복의 길을 걷고 있음을 믿고 있습니까? 하나님께서는 우리를 구속하시고 회복하시기 위해 지금도 일하고 계십니다.

결론

창세기 3장은 인간의 타락과 그로 인한 고통을 이야기하고 있지만, 동시에 하나님의 끝없는 사랑과 구속의 계획을 보여줍니다. 하나님께서는 죄로 인해 에덴에서 쫓겨난 인간을 버리지 않으시고, 그들의 수치를 덮어주셨으며, 구원의 길을 여셨습니다. 우리는 이 구속의 여정을 믿음으로 따라가며, 하나님의 사랑 안에서 회복의 삶을 살아가야 합니다.

설교문 5

하나님의 부르심과 순종:
아브라함의 믿음 (창세기 12:1~9)

서론

오늘은 하나님께서 아브라함을 부르신 이야기를 중심으로 하나님의 부르심과 그에 대한 아브라함의 순종을 살펴보려 합니다. 창세기 12장은 아브라함이 하나님의 명령을 받고 믿음으로 자신의 고향을 떠나 하나님의 약속을 좇아가는 장면을 담고 있습니다. 하나님께서 아브라함을 부르셨을 때, 아브라함은 자신의 모든 것을 버리고 하나님을 따랐습니다. 오늘 우리는 아브라함의 믿음과 순종을 통해 우리도 하나님의 부르심에 어떻게 응답해야 할지를 함께 생각해보겠습니다.

1. 하나님의 부르심과 약속

하나님께서는 창세기 12:1에서 아브라함에게 "네 고향과 친척과 아버지의 집을 떠나 내가 네게 보여줄 땅으로 가라"라고 말씀하십니다. 이 말씀은 단순한 이동을 의미하는 것이 아니라, 아브라함의 삶 전체를 새롭게 변화시키는 하나님의 부르심이었습니다. 하나님께서는 그에게 큰 민족을 이루고, 그의 이름을 창대하게 하겠다고 약속하셨습니다. 이러한 부르심과 약속은 아브라함의 미래를 보장하는 것이었지만, 동시에 그는 자신의 안전하고 익

숙한 환경을 떠나야 했습니다.

하나님의 부르심에 대한 순종

아브라함은 하나님의 부르심에 망설임 없이 순종했습니다. 그는 모든 것을 내려놓고 하나님께서 보여주실 땅으로 나아갔습니다. 그의 순종은 단순히 물리적인 이동이 아니라, 하나님의 약속에 대한 신뢰의 표현이었습니다. 아브라함은 눈에 보이지 않는 하나님의 계획을 믿고, 그 길을 따라갔습니다.

적용: 하나님께서 우리를 부르실 때 우리는 어떻게 반응하고 있습니까? 우리는 삶 속에서 하나님의 부르심을 듣고 순종하는 믿음의 여정을 살아가고 있습니까?

2. 믿음의 여정과 시험

아브라함이 하나님의 약속을 좇아 떠났을 때 그의 삶이 곧바로 풍요로워진 것은 아니었습니다. 그는 가나안 땅에 도착했지만, 그곳에서 바로 안정을 찾은 것이 아니라 기근과 여러 어려움을 겪었습니다. 그러나 하나님께서는 그 모든 상황 속에서도 아브라함과 함께하셨습니다. 아브라함이 걷는 믿음의 여정은 끊임없는 시험과 도전의 연속이었지만, 그는 포기하지 않고 하나님의 약속을 붙들었습니다.

믿음의 인내와 성숙
아브라함은 그가 겪는 모든 어려움 속에서도 하나님의 약속을 의심하지 않았습니다. 그는 믿음으로 하나님께서 자신의 삶 속에서 이루실 일들을 기다렸습니다. 우리도 아브라함처럼 믿음의 여정을 걸으며, 하나님께서 우리에게 주신 약속을 인내로 기다려야 합니다.

적용: 우리의 믿음이 시험을 받을 때 우리는 어떻게 반응하고 있습니까? 우리는 어려움 속에서도 하나님의 약속을 신뢰하고, 인내하는 믿음을 키워 나가고 있습니까?

3. 하나님께 대한 예배와 헌신

아브라함은 가는 곳마다 하나님께 제단을 쌓고 예배를 드렸습니다(창 12:7-8). 이것은 아브라함이 자신의 삶을 통해 하나님께서 영광 받으시길 바라는 마음을 나타낸 것입니다. 아브라함은 삶의 중심에 항상 하나님을 두었고, 그분께 대한 헌신을 놓치지 않았습니다. 하나님께 대한 예배는 그에게 단순한 의식이 아니라, 그의 믿음과 순종의 상징이었습니다.

예배를 통한 삶의 헌신
우리도 아브라함처럼 예배를 중심에 두는 삶을 살아야 합니다. 예배는 우리의 삶을 하나님께 바치는 행위이며, 우리의 믿음과 헌신을 표현하는 중요한 통로입니다. 우리는 예배를 통해 하나님께 우리의 삶을 드리고, 그분의 인도하심을 구해야 합니다.

적용: 우리는 삶의 모든 순간에 하나님을 예배하고 있습니까? 우리의 예배는 단순한 의식에 그치지 않고, 우리의 헌신과 순종의 표현이 되어야 합니다.

결론

아브라함의 믿음과 순종은 우리의 신앙생활에 중요한 본보기가 됩니다. 그는 하나님의 부르심에 순종하여 자신의 모든 것을 내려 놓았고, 믿음으로 어려움을 견뎠으며, 하나님께 예배드리는 삶을 살았습니다. 오늘 우리도 아브라함처럼 하나님의 부르심에 귀 기울이고, 그분의 약속을 믿으며, 우리의 삶을 통해 하나님을 예배하는 자들이 되기를 소망합니다.

설교문 6

형제의 갈등과 하나님의 정의:
가인과 아벨의 이야기 (창세기 4:1~16)

서론

오늘 우리는 창세기 4장의 가인과 아벨 이야기를 통해 형제간의 갈등과 그 가운데에서 알게되는 하나님의 정의와 자비를 살펴보려 합니다. 가인과 아벨의 이야기는 단순히 형제간의 다툼을 넘어, 인간 내면에 있는 죄의 문제와 하나님의 공의가 어떻게 작동하는지를 보여줍니다. 우리는 이 이야기를 통해 하나님 앞에서의 우리의 마음 상태를 점검하고, 죄의 유혹에 빠지지 않도록 경계해야 할 것입니다.

1. 두 형제의 제사: 하나님께 드리는 예물

가인과 아벨은 각각 농부와 목자로서 각자의 소산물을 하나님께 제물로 드렸습니다. 그러나 하나님께서는 아벨의 제물은 기뻐 받으셨지만, 가인의 제물은 받지 않으셨습니다(창 4:3-5). 이는 하나님께서 그들의 마음을 보셨기 때문입니다. 아벨은 하나님께 진정한 마음으로 최상의 것을 드렸으나, 가인은 그렇지 못했습니다.

제사의 본질: 마음의 태도

하나님께서는 우리가 드리는 예물 자체보다는 그것을 드리는 우리의 마음의 태도를 중요하게 여기십니다. 가인은 형식적으로 제물을 드렸을지 모르지만, 그의 마음에는 하나님에 대한 진정한 경외심이 없었습니다. 반면에 아벨은 마음 깊이 하나님을 경외하며 자신의 최선을 다해 제물을 드렸습니다.

적용: 우리는 하나님께 어떤 마음으로 예배하고 있습니까? 우리는 형식적으로 드리는 예배가 아닌, 진정으로 하나님을 경외하는 마음으로 우리의 삶을 드리고 있습니까?

2. 가인의 죄: 시기와 분노에서 비롯된 죄

하나님께서 아벨의 제물을 받으시자 가인은 형제를 시기하고 분노에 사로잡혔습니다. 하나님께서는 그를 경고하시며, "죄가 네 문에 엎드려 있다"라고 말씀하셨습니다(창 4:7). 그러나 가인은 그 경고를 무시하고, 아벨을 들로 불러내어 죽였습니다. 이는 인간이 죄의 유혹을 받아들였을 때, 얼마나 쉽게 악한 행동으로 이어질 수 있는지를 보여줍니다.

죄의 유혹과 결과

가인은 분노와 시기심을 다스리지 못해 살인을 저질렀고, 이는 하나님 앞에서 큰 죄였습니다. 하나님께서는 그를 책망하시며, 그의 죄로 인해 그가 땅에서 저주를 받게 될 것이라고 선언하셨습니다. 죄는 우리로 하여금 하나님과의 관계뿐만 아니라 다른 사람과의 관계도 파괴하게 만듭니다.

적용: 우리의 마음 속에 시기와 분노가 자리 잡고 있지는 않습니까? 우리가 죄의 유혹을 이기지 못하고 그 결과로 다른 이들과의 관계를 파괴하는 일이 있지는 않습니까?

3. 하나님의 정의와 자비: 심판과 보호

하나님께서는 가인을 심판하시고, 그에게 떠돌이의 삶을 살게 하셨습니다. 그러나 동시에 하나님께서는 가인이 죽임을 당하지 않도록 그를 보호하시는 표를 주셨습니다(창 4:15). 이는 하나님의 정의와 자비가 함께 나타나는 장면입니다. 가인의 죄에 대한 심판은 분명했지만, 하나님께서는 그에게 은혜를 베푸셔서 그를 완전히 멸망시키지 않으셨습니다.

심판 속에서도 나타나는 하나님의 자비

하나님께서는 우리의 죄를 심판하시는 분이지만, 동시에 은혜를 베푸시는 자비로운 하나님이십니다. 가인은 죄로 인해 고통받았지만, 하나님께서는 그를 완전히 버리지 않으셨습니다. 이는 하나님의 정의와 자비가 어떻게 조화를 이루는지를 보여주는 중요한 장면입니다. 하나님께서는 가인의 죄에 대한 대가는 명확히 하셨으나, 그의 생명 보호는 허락하셨습니다. 이는 우리가 죄를 지을 때도 하나님께서 우리에게 은혜를 베푸시며, 회복의 기회를 주시는 사랑의 하나님이라는 사실을 깨닫게 합니다.

적용: 우리는 우리의 죄에 대해 하나님 앞에 정직하게 나아가고 있습니까? 우리는 하나님께서 주시는 회복과 은혜의 기회를 붙들고, 그분의 자비에 감사하고 있습니까?

결론

가인과 아벨의 이야기는 인간의 마음속에서 일어나는 죄의 유혹과 그 결과를 잘 보여줍니다. 가인은 시기와 분노에 사로잡혀 형제를 살해하는 죄를 저질렀고, 하나님께서는 그를 심판하셨습니다. 그러나 그 심판 속에서도 하나님께서는 가인을 보호하셨고, 그에게 회복의 기회를 주셨습니다. 우리는 이 이야기를 통해 깨달아야 합니다. 우리도 살아가면서 항상 하나님 앞에서 우리의 마음을 지키고, 죄의 유혹을 경계하며, 하나님의 정의와 자비를 신뢰해야 합니다. 하나님께서는 언제나 우리의 연약함 속에서도 은혜를 베푸시고, 우리를 회복으로 이끄시는 분임을 기억합시다.

설교문 7
노아의 방주와 하나님의 구원 계획 (창세기 6:9~22)

서론

오늘 우리는 창세기 6장에 나타난 노아의 방주 이야기를 통해 하나님의 구원 계획과 그 가운데에서 인간의 순종이 어떻게 중요한지를 살펴보겠습니다. 이 이야기는 인류가 죄악으로 가득 찼을 때 하나님께서 대홍수를 통해 세상을 심판하시기로 하셨지만, 의로운 노아를 통해 구원의 길을 마련하신 사건을 다루고 있습니다. 우리는 이 이야기를 통해 하나님의 공의와 사랑, 그리고 노아의 순종을 배워야 할 것입니다.

1. 인류의 죄악과 하나님의 심판

창세기 6:5-7에서 하나님께서는 세상의 죄악이 가득 차 있음을 보셨고, 인간을 창조하신 것을 후회하셨다고 말씀하십니다. 인류는 하나님의 뜻을 저버리고 악한 길로 나아갔으며, 하나님께서는 그 결과로 대홍수를 통해 세상을 심판하기로 결정하셨습니다. 이는 죄에 대한 하나님의 공의로운 심판을 나타내는 중요한 사건입니다.

죄의 심판과 하나님의 공의
하나님께서는 인간의 죄를 가볍게 여기지 않으시며, 그에 대한 명확한 심판을 행하십니다. 대홍수는 인류의 타락과 그에 따른 하나님의 심판이 얼마나 무겁고도 절대적인지 보여줍니다. 그러나 이러한 심판 속에서도 하나님께서는 구원의 계획을 마련하셨습니다.

적용: 우리는 하나님의 공의 앞에서 우리의 죄를 진지하게 직시하고 있습니까? 우리는 삶 속에서 죄를 가볍게 여기지 않고, 하나님 앞에서 정직하게 회개하는 삶을 살고 있습니까?

2. 노아의 순종: 구원의 방주

노아는 하나님께 은혜를 입은 사람으로서, 그의 삶은 하나님 앞에서 의롭고 완전했습니다(창 6:9). 하나님께서는 노아에게 방주를 만들라고 명령하셨고, 노아는 그 말씀에 그대로 순종했습니다. 방주는 하나님께서 노아와 그의 가족, 그리고 동물들을 구원하시기 위한 도구였습니다. 노아는 방주를 만들기 위해 하나님의 지시를 따라 세세한 부분까지 철저하게 순종했습니다.

순종의 중요성
노아의 순종은 그와 그의 가족을 구원하는 중요한 열쇠였습니다. 하나님께서 명령하신 일을 인간적으로는 이해하기 어려웠을 수 있지만, 노아는 하나님의 말씀을 신뢰하고 끝까지 따랐습니다. 그의 순종은 하나님의 구원의 계획을 성취하는 데 중요한 역할을 했습니다.

적용: 우리의 삶 속에서도 하나님의 명령에 온전히 순종하는 행동이 구원의 열쇠가 될 수 있습니다. 우리는 하나님의 뜻을 신뢰하고, 그분의 말씀에 순종하는 삶을 살고 있습니까?

3. 구원의 약속과 하나님의 신실하심

하나님께서는 노아에게 방주를 통해 그와 그의 가족을 구원하시겠다고 약속하셨습니다. 노아는 그 약속을 믿고 방주를 지었으며, 대홍수가 시작되었을 때 하나님께서는 그 약속을 신실하게 이루셨습니다. 하나님께서는 홍수 이후 노아와 그의 후손들에게 다시는 물로 세상을 멸하지 않겠다는 언약을 세우셨고, 그 증거로 무지개를 주셨습니다(창 9:12-17).

하나님의 신실하심과 구원의 약속
하나님께서는 약속을 지키시는 신실하신 분입니다. 대홍수의 심판 속에서도 하나님께서는 구원의 계획을 이루셨고, 그 약속을 끝까지 지키셨습니다. 우리는 하나님의 약속이 변하지 않음을, 그리고 그분의 신실하심을 신뢰할 수 있습니다.

적용: 우리는 하나님의 약속을 믿고 신뢰하며 살아가고 있습니까? 우리는 어려운 상황 속에서도 하나님의 신실하심을 믿고, 그분께 의지하고 있습니까?

결론

노아의 방주 이야기는 하나님의 공의로운 심판과 구원의 계획이 동시에 이루어지는 놀라운 사건입니다. 노아는 하나님의 명령에 온전히 순종함으로써 구원의 방주를 지었고, 그 결과 가족과 함께 구원을 얻었습니다. 우리는 노아의 믿음과 순종을 본받아 하나님의 말씀을 따르고, 그분의 신실하심을 믿어야 합니다. 하나님께서는 오늘날도 우리를 구원으로 인도하시는 분임을 기억하며, 우리는 그분의 뜻에 순종하는 삶을 살아가야 합니다.

에필로그

꿈을 크게 가지라: 목표를 세우고 이루는 삶

"네 입을 크게 열라 내가 채우리라"(시편 81:10)

인생에서 꿈을 가지는 것은 매우 중요합니다. 필자는 1984년 7월 28일 한국을 떠나 미국 시카고에 도착하여 이민자의 삶을 시작했습니다. 플로리다 탬파에 살고 있던 누님과 함께 지내기 위해, 필자를 포함한 일곱 명의 가족이 이민 가방을 들고 새로운 땅에서의 삶을 시작했습니다. 이민의 첫걸음은 어려움이 많았지만, 필자는 큰 꿈을 품고 있었습니다. 당시에는 '플로리다 전체 땅은 내 것'이라는 허황된 꿈을 꾸기도 했지만, 그것은 물질적인 꿈에 지나지 않았습니다.

미국에 와서 필자가 첫 번째로 얻은 직업은 중국집에서 그릇을 닦는 일이었습니다. 그때는 주님의 복을 바라기보다 물질적인 성공을 추구했던 시절이었습니다. 그러나 시간이 지나면서 주님께서 주시는 물질의 복은 우리의 노력과 의지에 의한 것이 아니라, 주님의 계획에 따른 것임을 깨닫게 되었습니다. 주님께서 모든 복의 근원이시며, 우리가 꿈을 이루는 것도 그분의 은혜 안에서 이루어진다는 사실을 깨닫게 되었습니다.

1년 후, 탬파에서 최초의 한국 식당을 열게 되었고, 그 이후 한식, 중식, 일식 등 여러 요리 사업을 운영하게 되었습니다. 25년간 요식업에 종사하며 고객을 섬기는 데 집중했고, 사업적으로 많은 성과를 이루었지만, 하나님의 부르심을 받은 후 필자의 삶은 완전히 바뀌게 되었습니다.

하나님의 부르심: 목회로의 전환

사업을 운영하던 중 하나님의 강력한 부르심을 받게 되었습니다. 그 후 신학을 공부하기로 결심하고, 낮에는 사업을 하면서 밤에는 공부하는 힘든 여정을 시작했습니다. 주경야독을 하며 신학을 공부했고, 결국 전도사가 되었으며, 이후 목사 안수를 받고 담임목사로서 교회를 섬기게 되었습니다. 이때서야 비로소 필자는 인생에서 주님께서 준비하신 계획이 따로 있었다는 것을 깨달았습니다.

하나님께서 저를 통해 이루고자 하신 계획은 물질적인 성공을 넘는 영혼 구원의 사역이었습니다. 필자는 사업을 모두 정리하고, 목회에 전념하게 되었습니다. 마치 예수님께서 제자들에게 "나를 따르라"라고 하셨을 때 그들이 모든 것을 버리고 주님을 따랐던 것처럼, 필자도 생업을 포기하고 주님의 부르심을 따르기로 결정한 것입니다.

인내와 꿈의 실현

인생에서 인내는 중요한 덕목입니다. 필자는 미국에 와서 처음 그릇을 닦는 일부터 시작하여 주방장이 될 때까지 많은 노력을 기울였습니다. 이 과정에서 필자가 가장 중요하게 배운 것은 인내였습니다. 6개월 동안 지속적으로 요리를 실습하고, 주방에서 주방장으로부터 신뢰와 인정을 받으면서 점차 자신감을 얻었습니다.

이후 필자는 '뉴서울 하우스', '킴스 레스토랑', '리 다이나스티', 'To Mo Sushi', 'Johnny's Sushi'까지 다양한 요식업체를 운영하게 되었습니다. 미국은 꿈을 가진 사람에게 기회를 주는 나라입니다. 요셉이 애굽에서 꿈을 포기하지 않고 끝까지 인내했듯이, 필자 역시 꿈을 포기하지 않았습니다. 하나님께서는 요셉과 함께하셨고, 요셉의 인생을 형통하게 하셨습니다. 이처럼 인내하며 하나님의 뜻을 따라 나아가는 사람에게는 반드시 복이 따릅니다.

영혼 구원에 대한 사명

한 영혼을 천하보다 귀하게 여기는 주님의 말씀을 따라, 필자는 영혼 구원 사역에 헌신하고 있습니다. 인생의 초반에는 물질적 성공을 목표로 삼았지만, 주님의 은혜를 깨달은 후에는 영혼을 구원하는 사역에 집중하게 되었습니다. 목회를 통해 하나님께서 주신 사명을 수행하며, 하나님을 높이고 이웃을 사랑하는 삶을 살아가고 있습니다.

인생의 목표를 이루는 것은 물질적인 성공을 넘어, 하나님께서 우리에게 주신 사명을 다하는 것입니다. 필자는 이민 생활 속에서 많은 시행착오를 겪었지만, 그 모든 과정을 통해 주님께서 필자의 삶을 인도하셨음을 깨달았습니다. 하나님의 은혜로 지금까지 인내할 수 있었고, 그 결과 필자는 목회자로서 많은 복을 받았습니다.

고난 속에서도 함께하시는 하나님

필자는 이민 생활 동안 수많은 어려움을 겪었습니다. 권총 강도를 당하거나, 자동차 사고로 목숨을 잃을 뻔한 적도 있었고, 경제적인 위기 속에서 집과 건물을 잃을 위기도 있었습니다. 2004년에는 교회 건물 신축을 시작했지만, 75만 달러의 부채로 인해 큰 부담을 안고 있었습니다. 그러나 이러한 어려움 속에서도 필자는 하나님을 신뢰하며 인내할 수 있었습니다.

2009년 1대 목사님께서 소천하신 후, 필자는 2010년 1월 10일 교회의 담임목사로 취임하게 되었습니다. 그때부터 교회 내부에서 어려움이 있었지만, 필자는 모든 것을 하나님께 맡기고 인내했습니다. 담임목사로서 교회를 섬기며, 교회 부채를 갚아 나갔고, 마침내 2024년 35주년을 맞이한 지금, 교회는 부채 없이 하나님께 영광을 돌리고 있습니다.

암과의 싸움: 믿음의 시험

최근 필자는 전립선 암 진단을 받았고, 폐에 종양이 있다는 소식을 들었습니다. 그러나 필자는 암을 두려워하지 않습니다. 암과의 싸움 속에서도 필자는 하나님의 계획을 신뢰하고, 그분의 뜻에 따라 살기로 결심했습니다. 필자는 과거에 암 환자들을 심방하며 하나님께 기도하기를, "저에게 암을 주십시오"라고 한 적이 있습니다. 이제 그 기도가 응답되었고, 필자는 암과의 싸움을 통해 하나님의 더 큰 은혜를 경험하고 있습니다.

필자는 암을 두려워하는 대신, 하나님께서 허락하신 삶을 감사하며 받아들이고 있습니다. 우리의 삶은 결국 하나님의 손에 달려 있습니다. 필자는 암을 이겨낼 것이며, 그 과정에서 하나님께서 필자의 믿음을 시험하고 계심을 믿습니다. 하나님께서는 모든 고난을 통해 우리를 더 깊은 믿음의 길로 이끄십니다.

결론: 하나님의 사랑과 은혜에 감사하며

이민 생활 40년을 돌아보며, 필자는 하나님의 은혜와 사랑에 감사하고 있습니다. 하나님께서는 필자를 목회자의 길로 인도하시고, 그 과정 속에서 인내와 순종을 가르쳐 주셨습니다. 이 모든 여정 속에서 하나님께서는 언제나 함께하셨고, 필자가 하나님의 사람으로 성장할 수 있도록 도와주셨습니다.

필자는 앞으로도 하나님의 사랑과 은혜를 전하며, 영혼 구원의 사역을 계속해 나갈 것입니다. 하나님께서는 우리가 꿈을 가지고 나아갈 때, 그 꿈을 이루어 주시는 분이십니다. 필자는 하나님의 뜻에 순종하며, 남은 삶을 주님을 섬기고 이웃을 사랑하는 일에 바칠 것입니다.